Sandra Gronewald

Auf Entdeckungstour

Nice to meet you, Florenz!

ins Herz der Stadt

POLYGLOTT

Meine Florentiner Flügel 4

Meine Lieblingsorte in Florenz 6

MEIN FLORENZ 10

1 BUONGIORNO FIRENZE: 12
DIE STADT ERWACHT
Der Domplatz ohne Touristenmassen, ein Goldschmied, der
eine riesige Kuppel baut,
und Frühstück all'italiana.
TIPPS: Frühstückslokale

2 MICHELANGELOS ERBE 34
In der Bildhauerwerkstatt staubt
es, ein Meister steht vor seinem
Ruhestand, und ein Genie erschafft ein Symbol der Freiheit,
das tausendfach kopiert wird.
TIPPS: Kunstkurse

3 FLORENZ – STADT DER LIEBE 52
Die große Liebe eines Dichters,
Wunschzettel in einem Korb auf
einem Grab, Liebesschlösser auf
dem Ponte Vecchio und ein
Dorf in der Stadt.
TIPPS: Weitere Tipps auf den
Spuren Dantes

4 FUSSBALLJUBEL UND LETZTE 68
RUHE IN SANTA CROCE
Prachtvolle Grabmäler in der
Kirche, Ruhm, Ehre und blutige
Nasen auf dem Platz davor,

Kulinarik und Komödie im
Teatro del Sale und ein
Florentiner Weihnachtsmarkt,
der auch so heißt.
TIPPS: Noch mehr Interessan-
tes rund um Santa Croce

5 MANGIAR BENE 88
A FIRENZE
Trüffelsuche in der Natur und
Trüffelgerichte in der Stadt,
exzellente Restaurants mit
Familientradition und die wahr-
scheinlich beste Pizza in Florenz.
TIPPS: Typisch florentinische
Spezialitäten

6 FIRENZE PER BAMBINI 102
Auf Entdeckungsreise zu
Leonardos Maschinen, zu einem
weiten Ausblick nach Hunder-
ten Stufen, zum Schöpfer von
Pinocchio und zum ersten
Waisenhaus Europas.
TIPPS: Weitere Angebote für
Familien mit Kindern

7 PAUSE IN DER GROSSSTADT 122
Gartenspaziergänge mit Aus-
blick, Kirchen als Ruhepole, ein
Abstecher nach Fiesole in den
Hügeln über Florenz, Aussichts-
terrassen und ein Besuch im
Untergrund.

TIPPS: Weitere Grünflächen
und andere Orte zum
Runterkommen

8   DER DUFT VON   136
FLORENZ
Dufterlebnisse in einem
ehemaligen Kloster nahe
des Bahnhofs, die Florentiner
Iris und ein Weltreisender,
der ein Parfümmuseum
gründet.
TIPPS: Auch diese Düfte sind
einen Besuch wert

9   UFFIZI DIFFUSI: 152
VERSTREUTE KUNSTWERKE
Eine Lautsprecherstimme im
Innenhof der Uffizien, ein
Deutscher, der mit seinen Ideen
große Spuren hinterlässt, und

ein Geheimgang, der nun für
alle sichtbar ist.
TIPPS: Renaissancemalerei und
mehr Museen

10   AUF DER ANDEREN SEITE   166
DES ARNOS
Der Ponte Vecchio bei Nacht,
Eis auf einer versteckten Piazza,
Nachtleben vor der Heiliggeist-
kirche und süßes »schwarzes
Gold« am Palazzo Pitti.
TIPPS: Ausgehen am Abend

UND NOCH MEHR FLORENZ   182
Das lohnt sich außerdem   184
Infos von A–Z   186
Register   188
Bildnachweis   190
Grazie mille e di più...   191
Impressum   192

Meine Florentiner Flügel

Das Abitur frisch in der Tasche und der Wunsch, zu studieren und Fernsehjournalistin zu werden. Doch zunächst muss diese immense Liebe zu meinem Lieblingsland Italien und seiner Sprache, die ich so gerne spreche, zufriedengestellt werden: Das beschreibt so ungefähr meine Ausgangssituation für die große Reise, die ich Mitte der 1990er antrat.

Es war keine Reise im eigentlichen Sinn, vielmehr ein Eintauchen in den italienischen Alltag: Nach unzähligen Aufenthalten dort wollte ich endlich länger Teil dieses Landes sein. Dieser Traum erfüllte sich in jenem Herbst mit dem Start meiner Ausbildung zur Touristikdolmetscherin. Meine Eltern unterstützten mich in meinem Vorhaben und fuhren mich nach Florenz – das Auto vollbepackt mit Bettzeug, Schreibtisch, einem Riesenkoffer und einem noch größeren mulmigen Gefühl ihrerseits. Wie schwer es ihnen gefallen sein muss, mich dort alleinzulassen, 1000 Kilometer entfernt, kann ich erst erahnen, seit ich selbst Mutter bin. Schweren Herzens ließen sie los, um mir Flügel zu verleihen. Flügel, die mich bis heute durch die Welt tragen. Flügel, die mich haben fliegen lassen, mich aber nie von ihnen getrennt haben. Flügel, die untrennbar mit dieser einen Stadt verbunden sind: Firenze.

Immer, wenn ich seitdem diese toskanische Hauptstadtluft einatme – eine Mischung aus Leder, Parfüm, Rauch und Espresso –, fühle ich mich wie damals, als ich eines Nachts erstmals allein vor dem Dom stand und plötzlich Tränen in den Augen hatte, weil seine Schönheit mich so sehr berührte.

Ich möchte Ihnen diese wunderbare Stadt näherbringen. Es wird nicht einfach, denn es gibt so viele Menschen, die sie sehen wollen. Jedes Jahr kommen viele Millionen Besucher hierher. Man hat es nie ganz für sich, dieses Florenz, leider auch nicht die scheinbar weniger bekannten Plätze. Vielleicht gelingt es mir ja dennoch, Sie für ein paar Ecken abseits der großen Touristenströme zu begeistern, Sie zum Frühaufstehen zu bewegen, Sie mitzunehmen in die Magie dieser Stadt. Die mich seit Jahren in ihrem Bann hat und meine bedingungslose Verehrung genießt.

Wir werden nicht nur weltberühmte Kunst hautnah erleben und in toskanische Kochtöpfe blicken, sondern auch romantische Liebesschwüre beobachten, den Vater der italienischen Sprache Dante Alighieri begleiten und mitten in der Stadt den Duft bunter Blüten genießen. Lassen Sie uns die Nacht zum Tage machen, hinaufsteigen über die Dächer und schließlich größte Emotionen beim vielleicht brutalsten Spiel der Welt erleben.

Kommen Sie mit! Es ist so leicht, Florenz zu lieben …

Ihre

Sandra Grunewald

Meine Lieblingsorte in Florenz

Monumentale Bauten und Florentiner Alltagsleben finden auf der Piazza della Repubblica zusammen.

Ein Februarmorgen auf dem Ponte Vecchio

Sogar auf dem Kiosk ist Dante abgebildet.

Weltberühmte
Ansichten, magische
Augenblicke

Am liebsten würde ich sie auf Händen tragen – die
wunderschöne Kathedrale Santa Maria del Fiore.

Schnell und laut unterwegs im Florentiner Centro

Dante-Darsteller vor der Casa di Dante

Die Kunst früherer Jahrhunderte gehört im Zentrum zum bunten Alltag.

1 X 2.€
3 X 5€

FIRENZE • IL DUOMO

ITALIA

FIRENZE

vINi IN FIRENZE

Michelangelos David ist allgegenwärtig in Florenz.

Firenze, ti amo! In der stets gut besuchten Stadt kann man immer
wieder auch weniger belebte Eckchen finden und genießen.

Florenz auf einen Blick: links der Palazzo Vecchio mit dem Arnolfo-Turm, rechts die Kathedrale Santa Maria del Fiore mit dem Campanile

Ein kurzer, aber magischer Moment: Die Sonne blitzt zwischen dem Campanile und den Häusern daneben hindurch.

1

Buongiorno Firenze: Die Stadt erwacht

Der Domplatz ohne Touristenmassen, ein
Goldschmied, der eine riesige Kuppel baut,
und Frühstück all'italiana.

Frühmorgens unterwegs im Centro storico

Brennende Mittagssonne, um mich herum wild gestikulierende Reisebegleiter und dichtes Gedränge vor den Schaustellerbuden. So stand ich als Kind das erste Mal vor dem Florentiner Dom – zwischen Hunderten Touristen aus aller Welt.

An dem Tag begann für mich ein Lebenstraum – obwohl es mir schwerfiel, diesen besonderen Moment zu genießen, denn ich musste ihn in dieser Hitze teilen mit all den anderen Menschen.

Jahre später lebte ich dann in Florenz und machte die Erfahrung, wie schön es sein kann, hier entlangzugehen, wenn die meisten anderen noch schlafen. Wie noch viel eindrucksvoller dieser Platz auf dem Weg zur Arbeit ist. Auch als Tourist lohnt es sich, früh aufzustehen. Nicht nur, um die lange Schlange am Ticketschalter zu umgehen oder als Erster im Museum zu stehen. Vor allem die dann noch unverstellte Schönheit der Stadt zu genießen und dem italienischen Alltag beim Erwachen zuzusehen, ist so wunderbar. Das sonst stets volle Florenz für sich zu haben, durch die Gassen zu schlendern, während gerade die Bars öffnen und die meisten Touristen noch träumen. Fast allein auf der Piazza San Giovanni vor dem Dom zu stehen. Das ist ein Privileg.

Den Domplatz einmal ganz für sich haben

Noch bevor die Sonne aufgeht, starten Sie Ihren morgendlichen Spaziergang durch die Altstadt, das Centro storico. Am besten mit dem ersten Ziel: Santa Maria del Fiore. Das ist einfach, denn den Dom sehen Sie sowieso von fast jeder Gasse des Zentrums aus. Die weltberühmte Kuppel ist ein im wahrsten Sinne des Wortes herausragender Orientierungspunkt.

Wenn man auf diesem Platz ankommt, übermannt er einen – im positiven Sinne. Natürlich weiß man, dass die Piazza San Giovanni mit

Im Morgenlicht zeigt sich das Ensemble aus Dom, Glockenturm und Taufkapelle in seiner ganzen Schönheit.

Dom, Baptisterium (Taufkapelle) und Campanile (Glockenturm) das Wahrzeichen von Florenz darstellt. Dennoch: Jedes Mal, wenn ich aus einer der angrenzenden Straßen heraustrete und sich dieser Platz vor mir öffnet, bekomme ich Gänsehaut, und ein schwer zu beschreibendes Gefühl der Ehrfurcht streift durch meinen Körper. Jedes Mal wieder, seit Jahrzehnten. Es ist eine Art Hochachtung, Respekt. Sogar Demut vor der Schönheit, die Menschen konzipieren, erschaffen und über Jahrhunderte bewahren können. Die Piazza San Giovanni ist für mich die Personifizierung der Stadt Florenz.

Nur hat man diesen Platz leider so selten für sich. Mittlerweile ist die Stadt sogar im Winter gut besucht – der hier mitunter übrigens deutsche Dimensionen annehmen und sehr kalt sein kann. Und eben weil die Piazza so berühmt ist, wird sie weltweit auch immer und überall empfohlen – in jedem Blog, jedem Reiseführer, in jedem Buch über Florenz, und meist steht sie bereits im allerersten Kapitel.

Im Winter kann es in Florenz richtig kalt werden.

Selbst meinen Kindern blieb der Mund offen stehen

Und so ist es auch in diesem Buch – mit dem kleinen Unterschied, dass meine wichtige Zusatzempfehlung lautet: Stehen Sie sehr früh auf! Im Herbst und Winter gehen Sie ungefähr eine halbe Stunde vor Sonnenaufgang los, am besten mit bequemen Sportschuhen. Dann können Sie den Sonnenaufgang auf der Piazza erleben. Im Sommer, wenn die Sonne deutlich früher aufgeht, würde das natürlich ein extrem frühes Aufstehen bedeuten. Das muss nicht unbedingt sein. Morgens um sechs ist es hier auf jeden Fall einzigartig, auch wenn es schon hell ist. Natürlich ist der Domplatz auch schön, wenn man ihn mit zig Touristengruppen aus aller Welt teilt. Aber, glauben Sie mir, es ist kein Vergleich dazu, ihn frühmorgens zu erleben. Allein oder mit seinen Liebsten. Wenn hinter der Kuppel schon die Sonne lauert oder – je nach Jahreszeit – bereits die ersten Strahlen durch die Gassen im Osten des Doms das Gesicht kitzeln. Ich bin dann meist so ergriffen, dass ich gar nicht sprechen möchte.

Als ich meine Kinder zum ersten Mal dazu brachte, dieses Erlebnis mit mir zu teilen, waren sie zunächst überhaupt nicht begeistert, auch noch im Urlaub früh aufstehen zu müssen. Doch als wir ankamen, waren sie sprachlos. Das passiert selten. Mit einem ehrfürchtigen »Wow« staunten sie mit offenem Mund. Zwei Kinder, die kaum etwas wussten über Kunstgeschichte, für die Brunelleschi ein Fremdwort war und Giotto eine Süßigkeit. Zwei kleine Menschen, die auf ganz authentische Weise überwältigt waren von so viel Schönheit auf einem einzigen Platz.

Ein begnadeter Künstler

Wenn Sie also hier stehen zwischen Dom und Taufkapelle, bestaunen Sie zunächst den fast 700 Jahre alten und knapp 85 Meter hohen Glockenturm, den Campanile, ein Meisterwerk Giottos. In einem bestimmten Moment des Sonnenaufgangs, wenn die Sonne von Osten her zwischen Dom und Campanile durchlugt, strahlt die von Ihnen aus linke Außenwand des Glockenturms gelb. Die weiß-grün-roséfarbene Marmorfassade wirkt dann an dieser Stelle wärmer. Was für ein schönes gemeinsames Schauspiel von Natur und Architektur! Wenn dann zur vollen Stunde noch die Glocken erklingen, ist das Kunstwerk perfekt.

Nutzen Sie unbedingt auch die Chance, in Ruhe die Bronzetüren

DOM-ANEKDOTEN

Der gehörnte Bäcker

An der Nordseite des Doms ist auf einer Stütze ein Stierkopf zu sehen – offiziell eine Ehrung der Tiere, die beim Dombau den Transport der schweren Lasten übernahmen. Doch es gibt noch eine pikantere Legende dazu: Ein am Dombau beteiligter Arbeiter soll der Liebhaber der Frau eines Bäckers in der Gegend gewesen sein. Der Bäcker entdeckte den Betrug und brachte das Paar auseinander. Der Dommitarbeiter jedoch brachte direkt gegenüber der Bäckerei den gehörnten Stierkopf an (als Symbol eines Betrogenen), sodass der Bäcker den Betrug stets vor Augen hatte.

Die gefallene Kugel

Im Januar des Jahres 1600 gab es ein heftiges Gewitter über der Stadt. Plötzlich traf ein Blitz die Kupferkugel auf der Kuppel, die seit 1472 dort thronte. Die Kugel löste sich und fiel hinab auf den Steinboden im Osten des Doms. Kommentarlos zeigt heute noch ein schlichter Kreis aus Marmor die Stelle des Aufpralls und erinnert an diese Nacht. Die Kupferkugel wurde erst 1602 nach der Restaurierung wieder angebracht.

am Baptisterium zu studieren. Auch das ist natürlich kein Geheimtipp, deswegen stehen tagsüber hier die Touristen Schlange, sodass man je nach Jahreszeit nur schwer einen ruhigen Blick auf das Kunstwerk Lorenzo Ghibertis erhaschen kann. Der Goldschmied hat das Nord- und das Ostportal geschaffen. Vor allem Letzteres ist ein Wunderwerk der Reliefkunst und wird nach einem Michelangelo zugeschriebenen Ausspruch »Paradiestür« genannt. Das Original befindet sich seit 1990 im Dommuseum, doch auch die Kopie am Baptisterium hat jede Bewunderung verdient.

Einmal rund um den Bau herum

Anschließend gehen Sie ein paar Schritte rechts um den Dom herum: Der bloße, unverbaute Anblick der Kuppel ist überwältigend – gerade, wenn der Platz davor leer ist. Es ist ein bisschen wie im Mittelalter, als man die Innenräume der Kirchen oft möglichst dunkel gestaltete. Fenster wurden schmal gebaut, sodass nur wenig Licht ins Innere eindringen konnte. Die Gläubigen sollten von nichts abgelenkt werden und sich aufs Gebet konzentrieren können. Ein bisschen so ist es frühmorgens hier, auch wenn es hell ist: Ist der Platz leer, lenkt einen nichts ab, keine Straßenverkäufer, keine in die Luft gestreckten Regenschirme von Tourist Guides, keine Portraitmaler, keine Menschenmassen. Nur die Straßenreinigung brummt im Hintergrund. Und das einzige, worauf Sie achtgeben sollten, sind vorbeifahrende Lieferwagen, denn zwischen 6 und 9.30 Uhr morgens darf man mit Sondergenehmigung zum Anliefern durch die Fußgängerzone fahren. Zuweilen kommt es mir vor, als hätten ziemlich viele Florentiner diese morgendliche Sondergenehmigung … Also Vorsicht beim Bestaunen der Kuppel, die Autos und Laster sind im Morgengrauen zum Teil recht flott und selbstbewusst unterwegs.

Der Goldschmied setzt sich gegen die Architekten durch

Schon während des Dombaus im 14. Jahrhundert war die Kuppel als die größte der Welt angedacht– nur leider fand sich kein Architekt, der sich den Bau einer so immensen Kuppel mit einem inneren Durchmesser von 45 Metern zutraute. Deswegen klaffte zunächst ein großes Loch über dem Kirchenbau. 1418 wurde schließlich ein Wettbewerb ausgerufen. Die

Stadt Florenz als wirtschaftliches und kulturelles Zentrum versprach dem Baumeister Ruhm, woraufhin führende Architekten in die Stadt kamen. Doch das Projekt war von Anfang an begleitet von Zweifeln, Ängsten und Unsicherheiten. Am Ende überzeugte ein an antiken Bauwerken höchst interessierter Goldschmied mit seinem mysteriösen Entwurf: der Goldschmied Filippo Brunelleschi, als Architekt eigentlich ein Laie. Er versprach, die Kuppel gänzlich ohne Stützen und Pfeiler zu bauen. Wie genau, das behielt er zunächst für sich. Zu groß war wohl seine Angst, dass man ihm seine Ideen klauen würde und dass er womöglich wieder, wie 17 Jahre zuvor beim Wettbewerb ums Bronzeportal des Baptisteriums, gegen Lorenzo Ghiberti den Kürzeren ziehen könnte.

Der Baumeister bewundert sein Werk.

Sein alter Widersacher wurde ihm letztendlich zwar als zweiter Bauleiter an die Seite gestellt, doch Brunelleschi war es, der nicht nur die Pläne für die Kuppel lieferte, sondern auch mit zahlreichen technischen Neuerungen die Realisierung des Baus in schwindelerregender Höhe ermöglichte. 16 Jahre später wurde die selbsttragende, aus zwei Schalen bestehende, 107 Meter hohe Kuppel vollendet. 1436, also 140 Jahre nach der Grundsteinlegung, konnte Santa Maria del Fiore schließlich eingeweiht werden – mit ihrer beeindruckenden Kuppel, bis heute weltweit einer der Höhepunkte der Renaissance.

Seit 1830 schaut sogar Brunelleschi selbst unentwegt ehrfürchtig hinauf zur Kuppel. Hinter Ihnen, südlich des Doms, direkt rechts neben dem Eingang zum Ticketverkauf, sitzt der Baumeister in Form einer Skulptur von Luigi Pampaloni und schaut nach oben. (Links davon steht übrigens die Statue Lorenzo Ghibertis.) Brunelleschi scheint selbst darüber zu staunen, was ihm als Goldschmied da für ein architektonisches Meisterwerk gelungen ist. Schier unglaublich, nicht nur für ihn und seine Zeitgenossen: auch für mich ein Wunder. Immer wieder.

Nicht nur Dolce Vita, auch das Frühstück ist süß

Wunder machen durstig, außerdem ist der Tag ja nun schon ein bisschen älter. Das heißt, es ist allerhöchste Zeit für einen Kaffee.

Die Bars öffnen gegen 7 Uhr, viele Florentiner sind auch schon wach. Und das ist das zweite Phänomen, das ich an diesem florentinischen Frühaufstehen so sehr genieße: das »echte« Leben, die Stadt beim Aufwachen zu beobachten, dem Alltag dabei zuzusehen, wie er in die Gänge kommt. Straßen werden gekehrt, Mülleimer geleert, und am einen oder anderen der zahlreichen Rollläden der Geschäfte steht bereits jemand und steckt geduldig den Schlüssel ins Schloss, bis der Rollladen komplett hochgefahren ist. In den Bars duftet es nach Kaffeebohnen und frischer, süßester Backware – Cornetti und Brioches, gefüllt mit *crema, cioccolato, marmellata*. Die Italiener mögen's zuckrig am Morgen.

Am Tresen der Bars trifft man um diese Tageszeit kaum Touristen. Geschäftsleute mit Zeitung unterm Arm stehen da, wild am Handy tippend oder mit weißen Stöpseln in den Ohren und

Verlockendes Angebot für ein schnelles Frühstück zum *caffè*

scheinbar mit sich selbst sprechend. Dazwischen lehnt auch mal ein Polizist in Uniform lässig am Tresen. Mitarbeiter der Müllabfuhr oder der Straßenreinigung legen um diese Uhrzeit schon ihre erste Pause ein und genießen ein schnelles Schokohörnchen *al volo*.

Tauchen Sie ein in diese einzigartige, liebenswerte Stimmung, wenn der Tag erwacht und die Italiener am Tresen mit ihm. Lauschen Sie diesem unsagbaren, aber charmanten Lärm – einer Mischung aus unentwegtem Tassengeklapper, lauten Stimmen und dem durchdringenden Geräusch des Kaffeemahlens.

HÄTTEN SIE'S GEWUSST?

Gorgia toscana

Im florentinischen Dialekt werden die sogenannten Verschlusslaute p, t und k zwischen zwei Vokalen »aufgeweicht« – in der Sprachwissenschaft spricht man von der »Spirantisierung« dieser Konsonanten. Folgendes Beispiel ist der Running Gag in Florenz: Statt *una Coca Cola con la cannuccia corta* (eine Cola mit kurzem Strohhalm) wird hier Folgendes bestellt: *una Hoha Hola hon la hannuccia horta!* Klingt lustig und charmant und ist ganz typisch für Florenz.

Zunächst bestellt man sein Frühstück an der *cassa*, bezahlt es sofort und bekommt einen Beleg, den *scontrino*. Mit diesem geht man einen Meter weiter zum Barista, von dem man gegen Vorlage des *scontrino* das gewünschte Getränk und die Backware erhält. Beides wird dann im Stehen am Tresen genossen. So umständlich dieser Ablauf auf den ersten Blick erscheinen mag, so effektiv und reibungslos ist er eingespielt.

Wundern Sie sich übrigens nicht, wenn neben Ihnen jemand sein Cornetto statt mit *marmellata* oder *cioccolato* mit *marmellatha* oder *cioccolatho* bestellt (mit einem »th« wie im Englischen zwischen den beiden Vokalen). Oder statt einer *latte caldo* (warme Milch) vielmehr eine *latte haldo*. Diese sogenannte Gorgia toscana ist ein phonetisches Merkmal toskanischer Dialekte und in Florenz sehr verbreitet. Es ist wirklich nicht zu überhören.

Wer lieber Platz nimmt und in Ruhe im Sitzen frühstückt, sollte die Pasticceria Scudieri direkt an der Piazza San Giovanni aufsuchen – mit

Der Arcone begrenzt die Piazza della Repubblica nach Westen hin.

einer besonders großen Auswahl und direktem Blick aufs 1000 Jahre alte Baptisterium. Die gläsernen Kronleuchter, die riesigen Torten in den Vitrinen und die hellgelbe Stuckkassettendecke lassen vor dem inneren Auge Kaffeehausszenen aus längst vergangenen Zeiten aufleben. Seit 1939 wird hier im Schatten des Doms gefrühstückt, Kaffee getrunken und geplaudert. Das Café ist auf jeden Fall auch heute noch einen Besuch wert. Aber nicht wundern: Wer seinen Kaffee wie die Italiener im Stehen am Tresen genießt, zahlt generell weniger: *Al banco* kostet ein Espresso 1,20–1,50 Euro, sitzend am Tisch, egal ob drinnen oder draußen auf der Terrasse, kann der Preis auch 3 oder 4 Euro betragen.

Wenn selbst das Herz der Stadt noch leer ist

Wir schlendern weiter, ausgestattet mit Cornetto oder Brioche zum Mitnehmen *(da portare via)*. Denn draußen wartet ja das noch immer recht leere, pure Florenz. Wenn Sie dem Domplatz den Rücken kehren und Richtung Westen gehen, stoßen Sie nach wenigen Metern direkt auf – Sophia Loren! Also, leider nur auf ein Lokal, das der wunderbaren Schauspielerin gewidmet ist. Zahlreiche Bilder und Filmszenen des italienischen Sexsymbols der 50er-Jahre schmücken das cool designte Interieur, das erst um halb neun morgens seine Pforten öffnet. Hier gibt es tagsüber und abends so gut wie alles: Pizza, Antipasti, Fleisch, Salate, aber auch vormittags schon einiges: zahlreiche Frühstückshörnchen, Torten, Brötchen, Kaffee und – Touristen. Der Platz an der Ecke ist ähnlich prominent wie das berühmte Hard Rock Café, das nur wenige Meter weiter links daneben liegt.

Vorbei am schicken Caffè Paszkowski zur Linken, tut sich plötzlich ein weiteres Highlight auf, für viele das Herz der Stadt und gerade morgens einer meiner Lieblingsplätze in Florenz: die Piazza della Repubblica, weitläufig und imposant. Die Fassaden der Gebäude und der monumentale Triumphbogen begrenzen den Platz, der einst römisches Forum und im Mittelalter wichtiger Marktplatz war. Der sogenannte Arcone (riesiger Bogen), der Triumphbogen im Westen, wurde 1895 erbaut und sollte mit seinem monumentalen Ausmaß über den Verlust der Hauptstadtrolle hinwegtrösten.

Das tagsüber so beliebte historische Karussell auf dem Platz, das sich jeden Tag von 10 Uhr morgens bis Mitternacht dreht, ist um diese Uhrzeit noch nicht zum Leben erwacht. Seine vielen bunten Lichter scheinen sich noch auszuruhen vom Vorabend – genau-

HÄTTEN SIE'S GEWUSST?

Italiens Hauptstädte

Italiens Einigung als Nationalstaat ging vom Königreich Sardinien-Piemont aus, weshalb nach der Gründung des italienischen Einheitsstaates 1861 zunächst Turin als provisorischer Regierungssitz fungierte. Schon vier Jahre später jedoch wurde die Hauptstadt ins zentraler gelegene Florenz verlegt. Dass auf Dauer Rom die Kapitale des Königreichs Italien werden sollte, war auch da schon erklärtes Ziel. »O Roma o morte« (Rom oder Tod) rief der Anführer des Risorgimento, Giuseppe Garibaldi, 1867 auf der Piazza di Santa Maria Novella in Florenz. Rom jedoch gehörte noch zum unabhängigen Kirchenstaat und stand unter dem Schutz Frankreichs, das sich erst 1870 mit dem Ausbruch des Deutsch-Französischen Kriegs zurückzog. Nun konnten die italienischen Truppen Rom einnehmen, das 1871 italienische Hauptstadt wurde.

Das Bronzemodell auf der Piazza della Repubblica zeigt das Centro storico.

so wie der Platz selbst. Jetzt kann man in Ruhe das hübsche Bronzemodell betrachten, das seit 2005 direkt vor dem Caffè Paszkowski auf der Piazza zu finden ist. Vielleicht eine gute Chance, sich einen Überblick für die nächsten Tage zu verschaffen: Das gesamte historische Zentrum ist hier mit allen Gassen, Straßen und relevanten Gebäuden auf rund einem Quadratmeter zu sehen.

Auch hier auf der Piazza della Repubblica sorgt die Morgensonne für eine warme Farbe, vor allem auf dem Arcone im Westen, der hoch genug ist, um die ersten Sonnenstrahlen zu erhaschen. Wenn Sie diesen Anblick genossen haben, schreiten Sie durch den imposanten Bogen hindurch und blicken noch mal zurück auf die riesige Piazza in der Morgensonne.

Auch die teuerste Ecke der Stadt schläft noch

Vor Ihnen tut sich nun die Via degli Strozzi auf und nimmt direkten Kurs auf einen der prachtvollsten Renaissancepaläste Italiens: den Palazzo Strozzi, für die gleichnamige Familie Ende des 15. Jahrhunderts wie eine Stadtfestung erbaut und heute bedeutender Austragungsort großer Kunstausstellungen oder anderer kultureller Veranstaltungen. Nicht nur dieser große, einst herrschaftliche Wohnsitz sorgt für die vornehme Ausstrahlung in dieser Straße. Auch die großen und perfekt geputzten Schaufenster edler Marken wie Dior, Bottega Veneta, Bulgari und Giorgio Armani tun ihr Übriges. Ab 10 Uhr tummeln sich hier täglich gut gekleidete Italiener und Italienerinnen, die sich offenbar noch besser kleiden wollen. Und auch Touristen mit Rucksack betreten die Läden oft hoffnungsvoll und mit neugierigem Blick, um sie nach ein paar Minuten schmunzelnd und manchmal enttäuscht wieder zu verlassen.

Um diese Uhrzeit aber können Sie erst gar nicht in Versuchung geraten, denn die teuren Geschäfte haben alle noch zu. Jetzt herrscht hier eine ganz eigene, faszinierende Stimmung: Die Straßen sind auffällig sauber und noch leer, und die perfekt arrangierten, wertvollen Outfits in den Schaufenstern unterstreichen die Ordnung, die Exklusivität und den Luxus dieser Gegend. Biegen Sie links ab in die Via dei Tornabuoni, wo es genauso hochwertig weitergeht: Gucci, Prada, Yves Saint Laurent, Fendi, Chopard – eine Luxusmarke jagt die nächste. Den Wert dieser Immobilien kann man im Vorbeigehen nur erahnen. Machen Sie sich beim letzten Bissen in Ihr Croissant Ihr eigenes Bild von den bunt drapierten Kleidern, deren exorbitante Preise von hier draußen gar nicht ersichtlich sind.

Frühstück bei Tiffany

Kurz darauf lachen einem zur rechten Seite kostbare Schmuckstücke entgegen. Zwangsläufig muss ich hier immer an Audrey Hepburn und an ihre berühmteste Filmszene denken: Im kleinen Schwarzen und mit eleganter Hochsteckfrisur steht sie als Holly Golightly frühmorgens vor dem Schaufenster des New Yorker Juweliers Tiffany. Und frühstückt verträumt. Ein legendärer Moment, den man hier *alla fiorentina* vor Tiffany nachstellen kann.

Die teure Straße mündet an dieser Stelle in den Dreifaltigkeitsplatz, die Piazza Santa Trinità. Auf der riesigen Säule inmitten des Platzes steht Justitia, sie gibt der Säule ihren Namen: Colonna della

Die Justitia auf der Piazza Santa Trinità

Giustizia, Säule der Gerechtigkeit, errichtet unter Herzog Cosimo I. im 16. Jahrhundert. Ein kleiner, sonst stark frequentierter Platz, der um diese Uhrzeit aber exklusiv wirkt, fast wie ein Geheimtipp.

Das im Palazzo Spini Ferroni beherbergte Ferragamo-Museum vollendet diese edlen modischen Eindrücke der soeben gesehenen Gegend: Seit 1995 kann man hier Einblicke in die Karriere des berühmten Luxus-Schuhdesigners Ferragamo und in seine Rolle in der internationalen Modewelt bekommen.

Zum Ponte Vecchio

Die kleine Basilica Santa Trinità, Klosterkirche des im 11. Jahrhundert gegründeten Vallombrosanerordens, ist morgens bereits ab 7 Uhr geöffnet. Der karge und zugleich imposante Innenraum scheint die Ruhe des frühen Morgens ebenfalls zu genießen und dem Markenluxus der vorangegangenen Meter zu trotzen. Die Ruhe und Spiritualität in diesem jahrhundertealten, von Touristen oft übersehenen Gotteshaus stehen im Kontrast zu den vielen bunten Schaufensterpuppen zuvor. Nehmen Sie sich Zeit und bestaunen Sie die Sassetti-Kapelle von Domenico Ghirlandaio mit ihren berühmten Fresken mit Szenen aus dem Leben des heiligen Franziskus.

Die verschiedenen Gelbtöne des Ponte Vecchio strahlen morgens besonders warm.

Vor der Kirche schweift der Blick von der Piazza Santa Trinità bis hinüber zum jenseitigen Ufer des Arnos – auf der gleichnamigen Brücke sind jetzt bereits viele Autos und noch mehr Vespas unterwegs. Wir überqueren die Brücke jedoch nicht, sondern biegen zuvor links ab in den Lungarno degli Acciaiuoli, benannt nach einer der berühmtesten Adelsfamilien der Stadt, die hier einen ihrer Wohnsitze direkt am Fluss hatte. Ihr Palazzo wurde wie andere Gebäude in dieser Gegend während des Krieges im Jahr 1944 zerstört, deswegen mutet der Lungarno

Der Ponte Vecchio an einem frühen Sommermorgen

mit seinen Rekonstruktionen aus den 1950er-Jahren architektonisch ein wenig moderner an als der bisherige Weg unseres Morgenspaziergangs.

Wir gehen jetzt direkt auf den Ponte Vecchio zu. Genießen Sie diesen Anblick von Westen; die verschiedenen Gelbtöne der Gebäude auf der weltberühmten Brücke strahlen morgens besonders warm. Zur Linken lädt das Caffè dell'Oro mit hübschen Bänken und Blick über den Fluss zum Verweilen ein. Wenn Ihnen das klassische italienische Frühstück mit Cornetto und Kaffee nicht gereicht hat, dann kommen Sie jetzt auf Ihre Kosten – hier ist ein zweites Frühstück mit Eiern, Wurst und frisch gepressten Säften möglich.

Zum Frühstücken über den Fluss

Wenige Meter weiter öffnet sich rechts die berühmteste Brücke der Stadt, der Ponte Vecchio. Früh morgens ist einer der sehr wenigen Momente, an denen man die Brücke so gut wie leer sehen kann. Wir werden sie in Kapitel 10 (S. 162) noch einmal ausgiebig in den Abendstunden besuchen, auch dann ist sie besonders schön.

Hier geht es in den ersten Stock der Ditta Artigianale.

An dieser Stelle noch ein Tipp für den Morgen: Wenn Sie die Brücke überqueren, wartet nur wenige Schritte weiter in der Via dello Sprone ebenfalls ein ausgiebiges Frühstück auf Sie, in der Ditta Artigianale. Das ist eine 2013 gegründete Kette des renommierten Baristas Francesco Sanapo, die mittlerweile allein im Zentrum von Florenz viermal vertreten ist. Von 7 bis 9 Uhr gibt's auch hier lediglich das schnelle italienische Alltagsfrühstück: Colazione mit süßem Teilchen und Kaffee. Nach 9 Uhr jedoch kann man stundenlang schwelgen: Neben verschiedensten Kaffeevariationen stehen alle möglichen Eierspeisen, Pancakes, Müslis, Obstsalate und vieles mehr auf der Karte.

Unten sitzt man an Tischen in aufklappbaren Kinostühlen. Der Hingucker ist die Wendeltreppe nach oben, wo man in gelben oder grünen Fünfzigerjahresesseln Platz nehmen kann. Ein buntes, hippes Ambiente, das nicht nur Gäste aus aller Welt fürs ausgedehnte Frühstück anlockt. Vor allem am Wochenende sind hier auch viele italienische Paare, Singles und Familien mit Kindern zu beobachten, die mal mehr genießen wollen als ihr tägliches schnelles Cornetto. Hübsches Detail: Als Gast aus Deutschland fühlt man sich besonders willkommen, denn die weißen Tassen mit dem gelben Firmenlogo scheinen am Rand schwarz-rot-gold eingefasst zu sein. Erst bei genauerem Hinsehen erkennt man: Ach nein, das vermeintliche Schwarz ist Dunkelblau. Dennoch schön!

Zurück auf der Piazza della Repubblica

Wieder zurück auf der anderen Seite des Flusses mündet der Ponte Vecchio in die Via Por Santa Maria. Wir gehen einfach geradeaus weiter und kommen so automatisch am Mercato Nuovo vorbei, neben dem Mercato Centrale einer der berühmtesten Märkte der Stadt.

Rund ums Jahr wird hier ab 9 Uhr Lederware verkauft. Schon ab 7 Uhr morgens kann man zusehen, wie die Markthändler ihre Ware herrichten, die Straßen kehren und dabei miteinander übers Leben plaudern. An den Ständen werden Handtaschen jeder Größe aufgehängt, in den Auslagen Ledergürtel der Farbe nach sortiert. Jeden Tag aufs Neue.

HÄTTEN SIE'S GEWUSST?

Im Jahr 1339 war Florenz die erste Stadt Europas mit gepflasterten Straßen. Früh hatte man hier den Anspruch (und die finanziellen Mittel!), die Stadt sauber und schön zu halten und das Leben in ihr gesünder zu machen.

Nur wenige Schritte weiter landen wir wieder auf der Piazza della Repubblica, wo jetzt zwar schon mehr los, das Karussell aber noch immer nicht zum Leben erwacht ist. Es empfiehlt sich also, die Piazza della Repubblica auch nachmittags oder abends aufzusuchen, das tun wir in Kapitel 6 noch einmal (S. 119).

Vom Mercato Centrale zur Piazza dell'Indipendenza

Natürlich bieten sich in dieser großen Stadt auch zahlreiche andere Ecken für einen Morgenspaziergang an. Zum Beispiel rund um den berühmten Zentralmarkt, den Mercato Centrale, der vom Dom in wenigen Minuten zu Fuß erreichbar ist. Auch dort gibt es bereits in den frühen Morgenstunden viel zu beobachten.

In den Gassen vor der Markthalle findet der Mercato di San Lorenzo mit Lederwaren und Kunsthandwerk statt, und in der riesigen, mit einer Eisenkonstruktion überdachten Halle aus dem 19. Jahrhundert werden jeden Tag ab 9 Uhr frische, lokale Lebensmittel auf zwei Etagen angeboten: ein Einkaufsparadies für einheimische und zugereiste Feinschmecker. Von Obst und Gemüse über ausgefallene Käsesorten und zahlreiche Wurstspezialitäten bis hin zu Meeresfrüchten kann man hier alles riechen, schmecken und – meist zu moderaten Preisen – kaufen.

Wenn Sie das frühmorgendliche Gewusel des Mercato Centrale zur Genüge genossen haben, gehen Sie rechts in die Via Panicale, eine eher unscheinbare Ecke des Zentrums. Da sie aber fußläufig gut zu erreichen ist, bietet die Gegend einige Mittelklassehotels und viele internationale Restaurants.

Morgens ist hier wenig los, nur ein paar Geschäftsleute huschen durch die Gassen. Je weiter man sich vom Markt entfernt, umso unspektakulärer wird es. Ein paar Schritte von der Piazza dell'Indipendenza entfernt liegt schließlich etwas versteckt in der Via Zanobi noch ein kleiner Geheimtipp von mir: das Caffè Rainer, jeden Tag außer montags ab 8 Uhr morgens geöffnet.

Der einzige Kaiserschmarrn in Florenz

Hinterm Tresen stehen Silvia und Rudolf, ein österreichisch-italienisches Paar, das sich hier auf wenigen Quadratmetern seinen Traum verwirklicht hat: eine eigene Pasticceria mit typisch österreichischem Einschlag. Hier gibt es die einzig echte Sachertorte in Florenz, Original-Mozartkugeln und selbst gemachten Kaiserschmarrn. Wobei der kurioserweise an der Tafel als Kaiserschmarren angepriesen wird. Irritiert frage ich den sympathischen Innsbrucker, ob das nicht falsch sei, Kaiserschmarrn schreibe man doch ohne dieses zweite »e«.

Mein Favorit ist das Cornetto Favoloso – es schmeckt genauso, wie es heißt: einfach fabelhaft.

Er schmunzelt verlegen und gibt zu: »Ja schon, aber das wäre für die Italiener zu schwer auszusprechen, so viele Konsonanten auf einem Haufen. Mit dem »e« dazwischen ist's leichter.« Sehr sympathisch finde ich das. Ein kleiner Buchstabe zeigt, wie charmant sich der italophile

Österreicher anpasst in Bella Italia – trotz österreichischer Flaggen im Laden und trotz zahlreicher Bilder seiner Heimat. Und das kommt an: Viele italienische Stammkunden hat er mittlerweile, und auch immer mehr Landsleute aus seiner Heimat finden den Weg hierher.

An der Wand hängt hinter Glas gerahmt eine kleine alte Schwarz-Weiß-Fotografie auf Stoff. Café Rainer steht darauf, darunter eine Innsbrucker Adresse. »Das ist das erste, das alte Café Rainer meines Vaters in der Heimat«, erzählt Rudolf Rainer, und ich bin gerührt. »Als er verstarb, war ich gerade mal vier Monate alt, und meine Mutter konnte das Café nicht mehr alleine halten. Dass ich nun seit Jahren hier in meiner Wahlheimat Florenz ein neues Café unter unserem Familiennamen Rainer aufgebaut habe, erfüllt mich mit Stolz. Und Papa ist immer dabei dank dieses alten Stücks Stoff.«

Die Vitrinen unter dem Tresen sind voll mit süßen österreichischen Köstlichkeiten, oftmals getarnt als italienische Backware. Mein Favorit ist das Cornetto Favoloso – es schmeckt genauso, wie es heißt: einfach fabelhaft. Ein vom Inhaber persönlich in liebevoller Handarbeit gefertigtes Croissant aus Gerstenmehl, gefüllt mit weißer Nusscreme ohne Schokolade, getoppt mit gerösteten Haselnüssen. Mmmm, *che buono!* Beim ersten genussvollen Bissen vergesse ich sogar kurz das zweite »e« im Kaiserschmarrn.

Silvia und Rudolf vor dem Caffè Rainer

Was?

Rundgang am frühen Morgen durch das Centro storico.

Wo und wann?

Dom Santa Maria del Fiore, Campanile und Baptisterium

- Piazza del Duomo/
  Piazza San Giovanni
  duomo.firenze.it
  Öffnungszeiten siehe Website; ein früher Besuch ab 8.15 Uhr ist zu empfehlen.
- Freier Eintritt zur Kathedrale; ansonsten gibt es jeweils 3 Tage gültige Kombipässe: **Ghiberti** (15 Euro, gültig für Dommuseum, Baptisterium und Santa Reparata), **Giotto** (20 Euro, wie »Ghiberti« plus Campanile) und **Brunelleschi** (30 Euro, wie »Giotto« plus Domkuppel).

Caffè Scudieri

Klassisches Café direkt gegenüber des Baptisteriums.

- Piazza San Giovanni 19r
  Tel. +39 055 21 07 33
  www.scudieri.it | tgl. 7–23 Uhr

Sophia Loren Restaurant

Nach der Filmikone benanntes Lokal mit großem Angebot.

- Via dei Brunelleschi 11
  Tel. +39 055 49 34 40 0

www.sophialorenrestaurant.com
tgl. 8.30–23, Cocktail Bar bis 24 Uhr

Museo Salvatore Ferragamo

- Palazzo Spini Feroni,
  Piazza di Santa Trinita 5r
  Tel. +39 055 35 62 84 6
  museo.ferragamo.com
  tgl. 10.30–19.30 Uhr

Basilica di Santa Trinità

- Piazza di Santa Trinità
  Tel. +39 055 21 69 12
  Tgl. 7–12, 16–19 Uhr | Eintritt frei

Caffè dell'Oro

- Lungarno degli Acciaiuoli 2p
  Tel. +39 055 27 26 89 12
  www.lungarnocollection.com/
  caffe-dell-oro | tgl. 7–24 Uhr

Ditta Artigianale

Vier Filialen in Florenz:

- Via Dei Neri 32r | tgl. 8–21 Uhr
- Via Dello Sprone 5r | tgl. 8–20 Uhr
- Via G.Carducci 2r | tgl. 7.30-24 Uhr
- Via Lungarno Soderini 7r
  Tgl. 8–23 Uhr
  dittaartigianale.com

Caffè Rainer

- Via San Zanobi 97r
  Di–So 8–23 Uhr
  www.pasticceriaaustriaca.it

FRÜHSTÜCKSLOKALE

Cioccolateria Ballerini

Familienbetrieb seit 1936 und süße
Konditorei, die aber auch Mittag-
essen und Pizzavariationen rund
um die Uhr anbietet. Reichhaltige
Frühstücksauswahl. Die deliziöse
heiße Schokolade wird in Tassen
mit dem großen B für Ballerini serviert – selbst designt und hand-
bemalt vom Sohn des Hauses.
• Borgo Ognissanti 132r
  cioccolateriaballerini.it

Dolci e Dolcezze

In dieser winzigen Pasticceria gibt
es mit Liebe gemachte Dolci wie
Himbeertörtchen, Schokokuchen,
Marshmallowtorten und dazu exzellenten Kaffee. Die mintgrüne
Farbe des auffälligen Eingangs
setzt sich in der Einrichtung fort –
sehr hübsches Ambiente.
• Piazza C. Beccaria 8r

Caffè Sabatino

Für das ruhigere Frühstück mit
großer Auswahl. Faire Preise, weniger Touristen und sehr hübsches,
helles Interieur.
• Via Faenza 66r

Schwarz-rot-goldener Rand? Fast. Der
obere Ring an der Kaffeetasse in der
der Ditta Artigianale ist dunkelblau.

S. Forno Panificio

Echt florentinisches Frühstück in
San Frediano in heimischer Atmosphäre mit Dolci und hausgemach-
tem Brot in bester Qualität.
• Via Santa Monaca 3r
  www.ilsantobevitore.com

Cortese Café 900

Für Diabetiker oder ernährungs-
bewusste Naschkatzen zaubert
Rohkost-Konditor Vito Cortese in
diesem Café direkt gegenüber der
Kirche Santa Maria Novella Süßes
ohne Mehl, Milch, Eier, Hefe und
Zucker. Sehr empfehlenswert!
• Piazza di Santa Maria Novella 12r
  cortesecafe900.com

Seit mehr als 500 Jahren blickt Michelangelos David gelassen und selbstbewusst seinem Sieg über Goliath entgegen.

2

Michelangelos Erbe

In der Bildhauerwerkstatt staubt es, ein
Meister steht vor seinem Ruhestand, und ein
Genie erschafft ein Symbol der Freiheit,
das tausendfach kopiert wird.

Aus Marmorblöcken werden Figuren

Es staubt, manchmal fliegt auch ein größerer Steinkrümel durch die Luft. Stetes Hämmern ist das einzige Geräusch im Raum, während am sonnigen Vormittag draußen die ersten Geschäfte öffnen. Der junge Mann konzentriert sich auf ein großes Stück Marmor. Bearbeitet es mit Sorgfalt, Hammer und Meißel. Die Brille, die seine Augen vor den herumfliegenden Steinsplittern schützt, ist von Staub übersät. Seine Hände sind weiß, sein grüner Pullover scheint es auch bald zu werden.

Für mich unvorstellbar, dass aus diesem Steinkoloss einmal eine Figur werden soll – mit Muskeln, Haaren und einem weich fallenden Gewand. Dass hier bald Augäpfel rausgucken aus diesem Stück Stein, dass Fingernägel an bisher nicht vorhandenen Händen wachsen werden.

Würde sich in dem Moment nicht kurz der Klingelton seines Handys einmischen, könnte man fast meinen, ich sei mit einer Zeitmaschine ein paar Jahrhunderte zurückgereist und würde einem der bedeutendsten Renaissancekünstler über die Schulter schauen. Nein, das hier ist nicht Michelangelo, den ich da beobachte. Lorenzo heißt er, ist 30 Jahre jung und bringt in wenigen Monaten seine dreijährige Ausbildung zum Restaurierungsassistenten zu Ende.

An die Hand genommen werden er und seine sechs Kommilitonen von Marcello Del Colle, selbst seit 40 Jahren Steinmetz hier in der *bottega di restauro*. Er hat gerade mal wieder ein Jahr lang an der Kopie einer Skulptur gearbeitet, die sonst die Fassade des Doms schmückt. Bis er fertig ist, klafft eine Lücke an besagter Stelle der Kathedrale – man entdeckt sie an der reichhaltig geschmückten Domfassade jedoch nur, wenn man weiß, wo. Das Original der Skulptur war verwittert – bald steht Marcellos Kopie dann an der prominenten Stelle links über dem Hauptportal. Unglaublich, wie groß diese Statue hier in der Bottega wirkt – und wie klein aber die Lücke an der Kathedrale von unten aussieht. Erneut werden mir wieder die unfassbaren Dimensionen des Doms bewusst.

Bottega degli artisti – eine Künstlerwerkstatt fast wie im 13. Jahrhundert

Seit 1296 gibt es diese zur Dombauhütte gehörende Restaurierungswerkstatt, die im Italienischen immer noch wie im 13. Jahrhundert mit dem alten Terminus *bottega degli artisti* (Künstlerwerkstätte) bezeichnet wird. Seit der Grundsteinlegung der Kathedrale am 8. September 1296 war die Aufgabe der Dombauhütte natürlich zunächst, wie der Name schon sagt, der Bau des Doms. In den folgenden Jahrhunderten arbeiteten in der Bottega ununterbrochen zahlreiche Künstler, darunter renommierte und weltberühmte Bildhauer wie Nanni di Banco, Donatello und sogar Michelangelo. Bis heute pflegen die Mitarbeiter die Fassade des Doms. Mit Leidenschaft und Professionalität wird das monumentale Erbe erhalten. Die Hauptaufgabe der Bottega besteht heute darin, Kopien der zahlreichen Skulpturen anzufertigen. Auch die Reinigungs- und Restaurierungsarbeiten in schwindelerregender Höhe auf knapp 90 Metern gehören zum Job. Zweimal im Jahr wird die Fassade mithilfe von Hebebühnen kontrolliert. Und es gibt drei junge Kollegen, die extra dafür ausgebildet wurden, sich an Seilen an der Fassade entlangzuhangeln – bis zur Kuppel. Ein zuweilen waghalsiger Job.

Ein selten gewordener Beruf

Und so geht das hier seit Jahrhunderten. Anfang der 1980er-Jahre waren Marcello und drei weitere junge Männer im Begriff, ihre Ausbildung in der Bottega zu starten – er selbst hatte gerade frisch den Abschluss einer renommier-

Marcello Del Colle zeigt mir, an welcher Statue er gerade letzte Hand anlegt.

Hier fehlt die Figur, die gerade in der Werkstatt kopiert wird.

ten Florentiner Kunstakademie in der Tasche und beste Referenzen, um in der Bottega loszulegen. Doch es fehlte an Lehrmeistern. Zu jener Zeit gab es nur noch zwei in die Jahre gekommene Steinmetze in der Bottega, erzählt er.

»Die Ausbildung hier ist nicht wie in einer Fabrik, wo man schnell mal lernt, wie alles funktioniert, und dann loslegt. Seit Jahrhunderten werden die Jungen von den älteren, erfahrenen Steinmetzen eingearbeitet – jahrelang. Es ist eine eigene Welt«, sagt er stolz. Also wurde der zweite Steinmetz damals mit Engelszungen überredet zurückzukommen. Daraufhin arbeiteten die beiden Meister den jungen Marcello und die drei anderen Männer ein. Nach ein paar Jahren waren diese vier dann die *nuova generazione* der Bottega. Mittlerweile ist Marcello seit Jahren selbst der Lehrmeister. Aber nicht mehr lange.

Im Gespräch mit Marcello Del Colle

Marcello, Sie sind bald im Ruhestand. Wie geht es Ihnen damit?
Ja, ich gehe bald in Pension. Aber es fällt mir sehr schwer, den Beruf zu verlassen, ich schaff's einfach nicht. Eigentlich wäre es schon in drei Monaten so weit. Ich hätte längst meinen Antrag stellen sollen, aber ich verschiebe es von einem Tag auf den anderen. Ich bringe einfach nicht den Mut auf, lege den Brief immer wieder zur Seite. Ich fühle mich der Bottega sehr nah, nach wie vor. Ich liebe meinen Beruf. Und ich liebe diese Werkstatt; mit ihrer Historie und ihrer Arbeit ist sie einzigartig auf der Welt.

Seit Jahrzehnten gehen Sie morgens zur Arbeit und laufen an Ihren eigenen Skulpturen an der weltberühmten Kathedrale vorbei. Wie ist das, wenn man weiß: Das da oben habe ich gemacht?
Natürlich macht mich das stolz, das tut gut. Es ist ja alles handgemacht. Aber im Endeffekt ist es die Kopie eines Kunstwerks; ich möchte mich nicht mit den großen Bildhauern der Renaissance vergleichen, die aus einem Stück Marmor eine eigene Idee rausholten.

Na ja, aber die Arbeit ist die gleiche, die auch Michelangelo und die anderen Großen schon gemacht haben. Unglaublich, wie man einem Stück Stein Leben einhauchen kann. Das ist eine fantastische Kunst.
Ja, danke, ich bin auch Künstler, klar. Wichtig ist in unserem Beruf zuallererst, malen zu können. Man braucht neben der Ausbildung auch viel Talent zum Zeichnen.

Sie hatten dieses Talent schon als Kind. Wann haben Sie beschlossen, hier in der Bottega arbeiten zu wollen?
Ich lebe in Florenz, seit ich neun Jahre alt war, habe also schon früh ständig all diese Kunst um mich herum gehabt. Und auch schon vorher – ich komme ursprünglich aus Castel San Niccolò, Casentino – eine Region hier in der Toskana, die bekannt für ihren Sandstein ist. Berührungspunkte mit der Bildhauerei gab es also schon immer. Und es gefiel mir immer zuzuschauen, wenn die Steinmetze den Stein bearbeiteten. Aber auch die Malerei hat mich immer fasziniert. Wie gesagt, beides geht bei der Bildhauerei Hand in Hand.

Wie sieht die Arbeit hier in der Bottega konkret aus?
Das zu kopierende Original von der Kathedrale steht vor uns, und dann fertigen wir erst mal eine Kopie davon als Vorlage an, einen Gipsabdruck. Den Marmor besorge ich höchstpersönlich in Carrara, aus einem Steinbruch namens Cava di Lorano. Es gibt große Unterschiede beim Marmor, mittlerweile wählen wir für unsere Arbeiten eher den härteren Stein, weil der auch widerstandsfähiger ist über die Jahre. Es ist und bleibt zwar Carrara-Marmor, aber

je nach Steinbruch gibt es da wirklich feine Unterschiede beim Härtegrad.

Und wenn man dann diesen Marmorblock vor sich stehen hat, beginnt die eigentliche Arbeit ...
Ja, dann kopieren wir den Gipsabdruck. Zunächst arbeiten wir mit einer punktgenauen Maschine, mit der wir exakt die Dimensionen abmessen. Dann geht's los mit den Händen und den traditionellen Werkzeugen, dem Schlegel und dem Meißel. Vorsichtig und höchst konzentriert. Denn wenn man mal zu viel abschlägt, kann man es natürlich nicht mehr rückgängig machen. Man darf nichts falsch machen, dafür ist der Marmor zu wertvoll. Eine große Verantwortung.

Nicht nur die Werkzeuge scheinen noch die von Michelangelo zu sein. Wenn man die Werkstatt betritt, ist das wie eine eigene Welt. Die Zeit scheint hier generell fast stehengeblieben zu sein.
Ja, aber das war früher noch schlimmer. Als ich in den 1980er-Jahren anfing, fühlte man sich hier noch wie im 13. oder 14. Jahrhundert. Ich fand das zu Beginn sehr skurril. Es war eine andere Mentalität hier drin. Wasser für den Tee kochten wir an einer offenen Feuerstelle. Auch die sanitären Anlagen waren wie im Mittelalter, ich erspare Ihnen Details. Mittlerweile hat sich das zum Glück geändert. Aber die Arbeitsweise ist dieselbe wie früher, und es ist immer noch ein Handwerk, das eine Generation der nächsten beibringt.

Bildhauerwerkstatt mit Geschichte

Wenn ich mir so vorstelle, dass das hier seit Hunderten von Jahren so geht, bekomme ich Gänsehaut. Dass auch Michelangelo in dieser Bottega seinen berühmten David angefertigt hat – schier unglaublich. Der Marmorblock war nämlich ursprünglich für die Kathedrale gedacht gewesen, mehrere Künstler waren daran gescheitert. Deswegen stand der riesige Stein im Hof der Dombauhütte, bis Michelangelo im Jahr 1501 schließlich loslegte. Damals war die Bottega zwar noch nicht hier in der Via dello Studio, sondern ein paar Meter weiter hinter dem Dom, dort, wo sich jetzt das Dommuseum befindet. Aber die Arbeitsweise und der Geist waren derselbe wie heute, versichert mir Marcello. »Nur weil eine Person umzieht, verändert sie sich ja nicht. Sie bleibt derselbe Mensch«, davon ist Marcello überzeugt.

Jeder Steinblock hat eine Statue in sich, und es ist die Aufgabe des Bildhauers, sie zu finden. (Michelangelo)

Damals bei der Grundsteinlegung der Kathedrale war hier nichts, Peripherie, leere Felder. Im Zuge des Städtebaus und der wachsenden Bevölkerung zog die Bottega dann im 18. Jahrhundert zunächst um zur benachbarten Piazza delle Pallotole, um dann im 19. Jahrhundert hierher in die Via dello Studio verlegt zu werden, wo sie sich bis heute befindet. Vor der Glastür bleiben immer wieder Passanten und Touristen aus aller Welt stehen und schauen den Künstlern durch die großen Scheiben bei der Arbeit zu. Nachmittags kann es schon mal passieren, dass eine ganze Traube Menschen an der Scheibe klebt und hineinlugt. Wer noch näher dran sein will, kann übrigens exklusive Führungen anfragen und diese beim Dommuseum reservieren. »Das ist aber nicht ganz ungefährlich, uns so nahe zu kommen«, schmunzelt Marcello und setzt seine Schutzbrille ab. Nahezu unvorstellbar, dass in dieser Werkstatt vor Hunderten von Jahren bereits die Steinsplitter des riesigen Marmorblocks durch die Luft flogen, aus dem schließlich der weltberühmte David wurde.

Michelangelos berühmteste Marmorskulptur

An diesem Mann kommen Sie in Florenz natürlich nicht vorbei. Gut gebaut, selbstbewusst und nackt. An nahezu jeder Ecke scheint er auf Sie zu warten. Mal raucht er, mal trägt er Sonnenbrille, mal macht er Blasen mit rosafarbenem Kaugummi: der David von Michelangelo, die vielleicht berühmteste Skulptur der Welt. David und seine unzähligen Kopien und Variationen gehören zu Florenz wie die Kuppel von Brunel-

Die bronzene David-Kopie auf dem Piazzale Michelangelo

leschi. Wer weiß, wie viele Hotels, Restaurants und Pizzen in Florenz nach ihm benannt wurden. Wie viele Gegenstände mittlerweile seine Gestalt angenommen haben: Flaschenöffner, Kühlschrankmagnete, Mini-Statuen.

Noch zwei Davids in Florenz

Neben dem atemberaubenden Original und unzähligen Nachbildungen weltweit (die Liste der Repliken hat sogar eine eigene Wikipedia-Seite!) gibt es in Florenz aber vor allem zwei Kopien, die Sie gesehen haben sollten. Auch sie sind weltberühmt, aufgrund ihrer frei zugänglichen Standorte womöglich noch häufiger gesehen und fotografiert als Michelangelos »echter« David im Museum.

Zum einen der kolossale Bronzeabguss auf dem wunderbaren Piazzale Michelangelo hoch über Florenz – wobei der Platz selbst gar nicht so bemerkenswert ist, eher ein Parkplatz mit Straßenverkäufern. Dennoch ist dieser Ort ein Touristenmagnet. Denn Davids Nachbildung, die 1873 mithilfe von ungefähr 20 Ochsen hier hochgebracht wurde, steht wie der Landesvater über der Stadt und scheint stolz auf ihr Treiben hinunterzuschauen. Und: Man hat von hier oben einen der spektakulärsten Blicke auf die Stadt, über den Ponte Vecchio und den Dom ebenso wie auf die Kirchen Santa Croce und Santa Maria Novella. Bis zu den Hügeln Fiesoles kann der Blick schweifen. Wer zu Fuß hier hochkommt, kann zudem im bezaubernden Giardino delle Rose verschnaufen (siehe S. 134).

Die zweite weltberühmte David-Kopie steht vor dem Hauptportal des Palazzo Vecchio. 1910 wurde die Skulptur hier aufgestellt, an der Stelle, an der ursprünglich das Original gestanden hatte – als Symbol für die Macht der Signoria, einer ersten Volksregierung, die die alte Herrschaft florentinischer Adelsgeschlechter im 13. Jahrhundert abgelöst hatte.

Ein politisches Statement

Diese republikanische Regierung stand in scharfem Gegensatz insbesondere zur Familie der Medici, die lange die Stadt beherrscht hatte. Die
Medici waren bedeutende Förderer der Künste, insbesondere Lorenzo
de' Medici, der bis 1492 regierte, war ein großer Mäzen. Unter ihm war
Florenz zur Wiege der Renaissance geworden. Seinem Sohn Piero jedoch fehlte das politische Geschick – er wurde bereits 1494 gestürzt. So
feierte 1504, als Michelangelo seinen David fertigstellte, die Volksregierung die Skulptur als Symbol des Sieges über den vermeintlich über-
mächtigen Gegner Goliath, der sinnbildlich für die Medici stand.

1512 erzwangen die Medici den
Wiedereinzug, konnten ihre Macht
aber erst Jahre später endgültig
festigen. Es gab Unruhen, bei denen der David beschädigt wurde.
Cosimo I. de' Medici, ab 1537 als
Herzog der Toskana fest im Sattel,
war kunstsinnig genug, die Statue
restaurieren zu lassen, stellte dem
Symbol der freien Republik aber
auch ein machtpolitisches State-
ment entgegen: eine Bronzestatue
des mythologischen Helden Perseus, der das abgeschlagene Haupt
der Medusa hochhält, ausgeführt
von Benvenuto Cellini. 1554 fer-
tiggestellt, steht sie bis heute in der
Loggia dei Lanzi neben dem Palazzo Vecchio, quasi Angesicht zu
Angesicht mit dem David.

Und auch heute kann David –
beziehungsweise nun seine Kopie –
für politische Statements genutzt
werden: Der Florentiner Bürger-

Fast provozierend scheint Perseus
dem David das Haupt der Medusa
entgegenzuhalten.

meister ließ die Statue vor dem Palazzo Vecchio zu Beginn des Ukraine-Kriegs 2022 als Zeichen der Trauer mit einem schwarzen Tuch abdecken. Das löste nicht nur in Florenz heftige Diskussionen aus.

Das Original ist unvergleichlich

Man hat also jedenfalls, wenn man diese beiden beeindruckenden Nachbildungen und ihr Umfeld gesehen hat, schon einiges gelernt über Florenz. Und manche dürften wohl meinen, nun auf den Anblick des Originals verzichten zu können. Aber: Tun Sie es nicht. Verzichten Sie nicht darauf! Denn wie sagte schon der Künstler Giorgio Vasari, der von vielen als »Erfinder« der Renaissance angesehen wird, in seinen »Vite« über Michelangelos David-Statue: »Es ist wahr, dass sie alle antiken und modernen Statuen, griechische wie römische, um ihren Ruhm brachte. […] so schön und gut ist diese Gestalt vollendet. Die Umrisse der Beine sind sehr schön, die Verbindung der Glieder, die Schlankheit der Seiten ist göttlich, und nie hat man ein so liebliches Ruhen des Körpers geseh'n, noch eine Anmut, welche dieser gleichkommt.«

Zwar kostet dieser Anblick des Originals Eintrittsgeld, man muss dafür Schlange stehen und überhaupt zunächst einmal die von außen eher unspektakuläre Galleria dell'Accademia finden. Aber wenn

DIESE NACKTHEIT IST KUNST

Im Frühjahr 2023 verlor eine Schulleiterin in Florida ihren Job, weil sie der Klasse ein Bild der David-Statue gezeigt hatte. Der Vorwurf einzelner amerikanischer Eltern: Das sei Pornografie. Kunst mit Pornografie zu verwechseln sei lächerlich, twitterte damals der Florentiner Bürgermeister Nardella und lud die Lehrerin spontan nach Florenz ein. Die Direktorin der Accademia meinte, die Kritiker verstünden die Bibel, die westliche Kultur und die Kunst der Renaissance nicht. Die Nacktheit der Statue war schon früher diskutiert worden. Im 16. Jahrhundert bedeckte mal ein Feigenblatt aus Metall das Geschlechtsteil. Heute aber ist man sich zumindest in Europa wohl einig, »dass Nacktheit in der Kunst niemals als … Pornografie angesehen werden kann« (Dario Nardella).

es dann so weit ist, wenn Sie auf ihn zugehen und dann plötzlich vor ihm stehen – oder eigentlich unter ihm, so riesig ist er mit seinen fast fünfeinhalb Metern –, dann wird Sie ein Gefühl der Ehrfurcht überkommen.

Ein Gebäude eigens für den David

Wie kostbar dieses riesige Stück Carrara-Marmor ist, das da vor Ihnen steht, dieser immense Steinblock, der zwischen 1501 und 1504 in einen muskulösen Helden verwandelt wurde, lässt sich als Tourist nur erahnen. Der

Auch die Rückseite des David ist bewunderungswürdig.

Architekt Emilio De Fabris erschuf eigens für dieses wegweisende Zeugnis der Renaissance eine halbrunde Apsis mit Glaskuppel darüber. Sie wird in ihrem Umfang dem Kunstwerk gerecht und taucht es je nach Tageszeit und Wetter in unterschiedliche Farben: Ändert sich das Licht außerhalb der Kuppel, scheint sich auch Davids Oberfläche anzupassen und leuchtet zuweilen statt weiß eher beige, manchmal sogar golden angehaucht. Nehmen Sie sich deswegen Zeit für das David-Original, betrachten Sie allein seine rechte Hand, die Adern: Man spürt regelrecht das Blut durchfließen.

Beobachten Sie nebenbei auch die Menschen, wie sie versuchen, das möglichst perfekte Selfie mit David zu machen. Manch einer scheint dafür Stunden zu brauchen. Doch David ist geduldig, stolz schaut er über die Menge hinweg. Michelangelo hat aus dem zarten Jüngling der biblischen Erzählung einen starken, schier unbesiegbaren, attraktiven Mann gemacht. Zeitlos schön, zeitlos männlich. Anders als die meisten Darstellungen, die David nach dem Kampf und mit dem Kopf Goliaths zeigen, wählte Michelangelo den Moment vor dem Kampf: Selbstbewusst

HÄTTEN SIE'S GEWUSST?

Gescheiterte Vorgänger

Der Marmorblock, aus dem letztendlich Michelangelos David wurde, wurde bereits 1464 vom Dombauamt in Auftrag gegeben. Agostino di Duccio und Antonio Rossellino versuchten sich an ihm, hinterließen ihn aber nur grob behauen. Daraufhin wurde verzweifelt nach einem Bildhauer gesucht, der den vernachlässigten Marmorblock in eine Skulptur für das Kathedralendach verwandeln könnte. Michelangelo nahm die Herausforderung an. Als er 1504 sein Meisterwerk präsentierte, wurde allerdings ein neuer Standort gewählt: nicht der Dom, sondern die Piazza della Signoria. Statt einer kirchlichen Skulptur wurde der David ein Symbol für die Florentiner Republik.

Zu große Hände?

Dass Davids Hände relativ groß erscheinen, liegt daran, dass Michelangelo die Proportionen auf eine starke Untersicht ausgelegt hatte, mit Blick nämlich auf den ursprünglich geplanten Standort auf einem Strebepfeiler des Domchors.

Wo stand David wann?

Auf diesen Strebepfeiler hätte man die Skulptur jedoch ohnehin nicht bekommen – mit knapp 5 Tonnen war sie dafür viel zu schwer. Die Loggia dei Lanzi war kurz im Gespräch, doch schließlich entschied man sich für den Platz direkt vor dem Palazzo Vecchio. Hier stand David über 350 Jahre lang. Mehr und mehr aber litt die Statue unter den Witterungseinflüssen, sodass ein Gebäude speziell für sie gebaut wurde: Seit 1882 steht David in der Galleria dell'Accademia in der sogenannten Tribuna, wo er auf wunderbare Weise zur Geltung kommt. Übrigens: Unter großem medialem Aufsehen und logistischem Aufwand wurde ein David 2010 tatsächlich auf die im Jahr 1464 geplante Position gehievt – eine Kopie aus Glasfaser im Originalmaß stand für einige Tage auf dem Dom.

und absolut sicher, den Kampf gegen den Riesen zu gewinnen, steht er da. Und das Besondere: Man kann ihn von allen Seiten bewundern – nicht umsonst stehen am Ende des Saals Bänke, die einen ausgiebigen Blick auf Davids attraktive Kehrseite erlauben. Mit Verlaub, man glaubt einfach nicht, dass dieses Gesäß aus Stein sein soll. So echt, so natürlich wirkt diese Falte unterhalb seiner muskulösen Pobacke.

Ikone der Populärkultur

Mancher mag es geschmacklos finden, dass man eine handliche Kopie dieses stolzen Nationaldenkmals für zehn Euro auf der Piazza kaufen kann, dass man es mit Sonnenbrille oder pinkem Lack versieht oder ihm für Poster und Postkarten einen Joint in den Mundwinkel montiert, kurzum, dass man Michelangelos David seit Jahrzehnten immer wieder für Pop Art und als Touristen-(kühlschrank-)magnet »missbraucht«. Rechtens sind all diese Souvenir-Repliken natürlich nicht, »aber es ist sehr schwer, das Ganze zu unterbinden,« so Cecilie Hollberg, die deutsche Direktorin der Galleria dell'Accademia.

Aber vielleicht liegt genau darin auch Davids Magie: dass die Kraft, die ihm Michelangelo gab, auch Jahrhunderte später für jeden Besucher in Florenz allgegenwärtig und an fast jeder Ecke spürbar ist. David scheint uns in unserer Zeit, in unserem Alltag, mit unseren Lastern zu begleiten. Nicht nur in der Vollkommenheit Michelangelos, sondern eben auch als Schlüsselanhänger in Pink. Nahezu überall begegnet man ihm in der toskanischen Hauptstadt, wohl wissend jedoch, dass es ihn in seiner Perfektion tatsächlich nur ein einziges Mal gibt: in einer unspektakulären Parallelstraße der großen Via Cavour. In der Galleria dell'Accademia – zu erkennen an der stets erwartungsvollen internationalen Menschentraube, die davorsteht. Egal zu welcher Tages- oder Jahreszeit.

Nicht immer ganz nackt: David mit Krawatte und Sonnenbrille

Die Grabkapelle der Medici

Jahre nach der Fertigstellung der berühmten David-Skulptur und nach diversen Rom-Aufenthalten begann Michelangelo im Jahr 1520 im Dienste der Medici mit der Gestaltung einer Grabkapelle für die verstorbenen Mitglieder der Medici-Familie – ein Gegenstück zur Alten Sakristei Brunelleschis und daher »Neue Sakristei« genannt. Die Grabmäler der Herzöge Giuliano und Lorenzo de' Medici zählen für mich zu Michelangelos bedeutendsten bildhauerischen Werken. Dennoch sind sie längst nicht so stark frequentiert wie der David in der Galleria dell'Accademia. Deswegen hier mein Tipp für alle, die Michelangelos Bildhauerkunst noch mal von ganz nah bestaunen und dabei womöglich etwas mehr Ruhe haben wollen als beim David: Gehen Sie morgens in die Cappelle Medicee. Die Medici-Kapellen von San Lorenzo sind Teil eines riesigen Gebäudekomplexes bestehend aus Basilika, der Bibliothek und dem Museum – alle unbedingt sehenswert. Morgens ist es rund um die Kirche ruhig und leer, nur die Stände des benachbarten Mercato Centrale werden schon aufgebaut. San Lorenzo war die bevorzugte Kirche der Medici, denn hier ganz in der Nähe, im Palazzo Medici Riccardi in der Via Cavour 1, war zunächst deren Familienwohnsitz. Sie feierten ihre Taufen und Hochzeiten in der Kirche, und bald kam auch der Wunsch auf, die Verstorbenen der Familie hier zu bestatten. Dies geschah dann in der Neuen Sakristei von Michelangelo und in der beeindruckenden Fürstenkapelle aus dem 18. Jahrhundert.

Das Museum der Medici-Kapellen ist, obwohl offiziell Museum, immer noch ein Teil der Basilika von San Lorenzo. Man betritt es hinter der Apsis über die Piazza Madonna di Aldobrandini. Verpassen Sie beim Aufgang zunächst nicht das eher schlichte Grab der letzten Medici, Anna Maria Luisa. Ihr hat es Florenz zu verdanken, dass die Kunstschätze der Medici noch immer in der Stadt sind, nämlich in den Uffizien (siehe auch S. 163). Wenn Sie über die Steintreppe oben ankommen, gelangen Sie zunächst in die Fürstenkapelle – eine riesige Halle mit achteckigem Grundriss, die an ein Mausoleum erinnert. Direkt daran schließt die Neue Sakristei an – ein vergleichsweise kleiner Saal, in dem die Unsterblichkeit der dargestellten Personen aber förmlich spürbar ist.

Das Grabmal von Giuliano de' Medici mit den Allegorien von Nacht und Tag

Die Magie dieses Raums ist ergreifend – eine Rundumkomposition des Architekten und Bildhauers Michelangelo. Betrachten Sie allein die Allegorien an Giulianos Grabmal: Es ist ein und dasselbe Material, nämlich Marmor. Dennoch scheinen Tag und Nacht tatsächlich unterschiedliche Farben zu haben, wenn man direkt davorsteht. Doch sie sind nicht etwa mit Farbe bearbeitet. Nein, Michelangelo hat die Oberfläche des Steins auf unterschiedliche Art und Weise behandelt, der Frauenkörper der Nacht ist strahlend weiß und scheint fast glatt zu sein, weil er geschliffen wurde, der männliche Körper des Tages sieht generell warmweiß aus, denn der Marmor ist rauer und scheint so mehr warmes Licht aufzufangen. Es ist faszinierend, nachdem man Marcello Del Colle und seinen Schülern über die Schulter geschaut und Michelangelos riesigen David bewundert hat, abschließend diese Grabmäler in den Medici-Kapellen zu sehen.

Mal wieder wird mir deutlich vor Augen geführt, wie viel Arbeit, wie viel Genialität und wie unfassbar viel Herzblut in all diesen Kunstschätzen der Stadt stecken.

Feinarbeit in der Bottega di restauro

Was und wo?

Bottega di restauro

In der »Restaurierungswerkstatt«, die aus der Dombauhütte hervorgegangen ist, wird seit Jahrhunderten daran gearbeitet, die Fassade des Doms zu pflegen. Von beschädigten Figuren werden Kopien angefertigt, die dann die entsprechende Stelle einnehmen. Gearbeitet wird wie seit jeher mit Hammer und Meißel.

• Via dello Studio 3
  Besuche sind möglich nach Voranmeldung unter:
  commerciale@duomo.firenze.it
  oder Tel. +39-055-230 28 85

Museo dell'Opera del Duomo

Im Dommuseum sind auf 6000 Quadratmetern die originalen Meisterwerke ausgestellt, die den Domkomplex im Laufe von sieben Jahrhunderten geschmückt haben: von Donatello, Brunelleschi und Ghiberti bis zu Michelangelo und unzähligen anderen.

• Piazza del Duomo 9
  Tel. +39-055-230 28 85
  duomo.firenze.it
  Tgl. 8.30–19 Uhr, 1. Di im Monat geschl. | Eintrittspreise siehe S. 32

Galleria dell'Accademia

Außer David sind hier auch die unvollendeten Michelangelo-Skulpturen der »Prigioni« zu sehen, die »Gipsothek« des Lorenzo Bartolini sowie viele weitere hervorragende Kunstwerke.

• Via Ricasoli 58
  Tel. +39-055-098 71 00
  www.galleriaaccademiafirenze.it
  Tgl. 8.15–18.20 Uhr

Eintritt 12 Euro, unter 18 Jahren frei, EU-Bürger 18–25 Jahre 2 Euro

Cappelle Medicee
• Piazza di Madonna degli Aldobrandini 6
  Tel. +39-055-064 94 30
  www.bargellomusei.beniculturali.it/musei/2/medicee
  Mi–Mo 8.15–18.50 Uhr
  Eintritt 9 Euro, unter 25 Jahren 2 Euro

TIPPS

KUNSTKURSE

Wer Kunst nicht nur anschauen, sondern vor Ort selbst künstlerisch aktiv werden möchte, für den bietet Florenz einige Möglichkeiten. Ob nur für ein paar Tage oder ein ganzes Ausbildungsjahr – es gibt unzählige Möglichkeiten, selbst zum Florentiner Künstler zu werden. Hier eine kleine Auswahl an Schulen mit mehrtägigen oder -wöchigen Kursen; die meisten davon bieten übrigens auch Italienisch-Sprachkurse an.

Istituto Galilei
Kunst- und Malkurse, individuelle Einzel- oder Gruppenkurse ab einer Woche.
• Via degli Alfani 68
  Tel: +39-055-29 46 80
  www.galilei.it

Istituto Michelangelo
Kunstgeschichtskurse; Minimum 2 Wochen.
• Via Ghibelina 88
  Tel. +39-055-24 09 75
  www.michelangelo-edu.it

Studio Galleria Romanelli
3- bis 15-stündige Kurse der Bildhauerei, verteilbar auf einen Tag (3 Stunden) oder mehrere Wochen.
• Borgo San Frediano 70
  Tel. +39-055-239 60 47
  www.raffaelloromanelli.com/corsi-di-scultura

Scuola Leonardo Da Vinci
Zeichen-, Mal- und Sprachkurse.
• Via Bufalini 3
  Tel. +39-055-26 11 81
  www.scuolaleonardo.com

Centro Machiavelli
Kunst- und Kunsthandwerkskurse; die 24 Unterrichtsstunden kann man individuell auf zwei oder mehrere Wochen verteilen.
• Via de' Bardi 28
  Tel. +39-055-239 69 66
  www.centromachiavelli.it

Die Büste Benvenuto Cellinis auf dem Ponte Vecchio ist ein beliebter Treffpunkt für Liebespaare.

3

Florenz – Stadt der Liebe

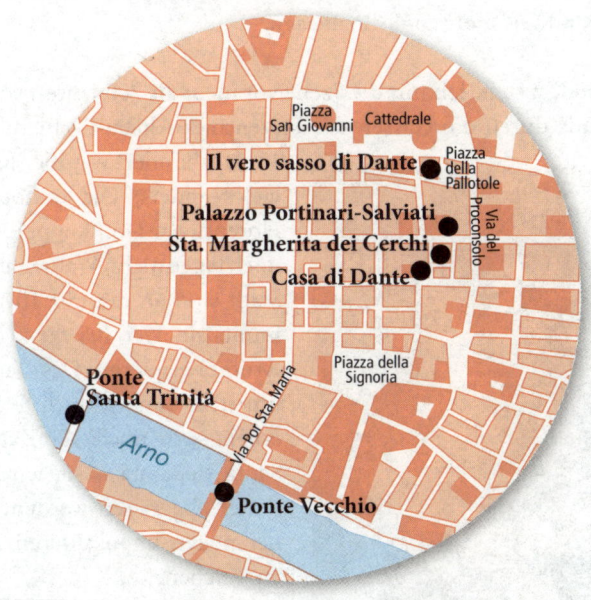

Die große Liebe eines Dichters, Wunschzettel in einem Korb auf einem Grab, Liebesschlösser auf dem Ponte Vecchio und ein
Dorf in der Stadt.

Auf den Spuren Dantes

Die engen Straßen sind dunkel. Noch durchfluten weder Scheinwerfer noch Straßenlaternen das nächtliche Labyrinth von Florenz. Ein junger Mann mit rotem Mantel streift durch die Gassen und verweilt auffällig lange in der Via del Corso. Seine Schritte vor dem Haus mit der Nummer 6 werden langsamer – und zwar jedes Mal, wenn er daran vorbeigeht. Sehnsüchtig streift sein Blick dann immer zu den geschlossenen Fenstern des Hauses. Kein Wunder, hier wohnt seine Angebetete Beatrice, die Frau, deren Schönheit und Anmut ihn seit seiner Kindheit nicht mehr loslassen.

So zumindest stelle ich mir die Szene vor mehr als 700 Jahren vor, wenn ich abends durch die Gassen der Florentiner Altstadt schlendere. Im 13. Jahrhundert war hier natürlich vieles anders: Die weltberühmte Florentiner Domkuppel gibt es noch lange nicht; Wahrzeichen der Stadt sind an die 150 Türme und immerhin vier Brücken, die den Arno überqueren. Das Baptisterium steht bereits, doch gegenüber erhebt sich (noch) die Kathedrale Santa Reparata – sie wird wenig später abgerissen werden, um einer neuen imposanteren Basilika zu weichen.

Hier auf der Piazza soll dieser junge Mann mit roter Kapuze ab 1296 öfter gesessen haben, um nachzudenken und beim Bau des neuen Doms Santa Maria del Fiore zuzusehen: Dante Alighieri, der

Mit Blick zum Dom auf Dantes Lieblingsplatz: Il vero Sasso di Dante.

wohl berühmteste Sohn der Stadt. Ein Marmorschild zumindest zeugt heute noch davon, dass er hier saß. Auf dem Platz südlich der Kathedrale, in der Nähe der Via dello Studio, sind diese drei Worte eingemeißelt: Sasso di Dante, der »Stein Dantes«. Hier also muss Dante irgendwo regelmäßig gesessen haben. Ein paar Meter weiter, auf der Piazza delle Pallotole, liegt ein großer Stein, auf dem steht: Il vero Sasso di Dante, »der echte Stein Dantes«. Hat genau dieser Stein also damals schon hier gelegen? Vielleicht war es auch ein ganz anderer. Ob es nun beim »Stein Dantes« war oder auf dem »echten Stein Dantes« – auf jeden Fall besagt die Legende, dass Dante irgendwo hier saß.

Beatrice, die Angebetete

Und vermutlich dachte er hier auch viel über die Liebe und über seine Liebste nach: Dantes Muse Beatrice spielt in seinem Leben und auch in seinen literarischen Werken eine entscheidende Rolle. Und das, obwohl gar nicht sicher überliefert ist, wie oft er sie eigentlich traf – in manchen Abhandlungen wird sogar in Frage gestellt, ob es diese Beatrice überhaupt je gab oder ob sie womöglich nur Dantes Fantasie entsprang. Seit dem Dante-Biografen Giovanni Boccaccio wird jedoch davon ausgegangen, dass es sich bei seiner Angebeteten um Beatrice Portinari handelt, die Tochter eines Florentiner Bankiers.

Eine unerfüllte Liebe muss das gewesen sein, die Dante leiden – und ausgesprochen kreativ werden ließ. Mit neun Jahren soll er dem wenige Monate jüngeren Mädchen erstmals begegnet sein, das beschreibt er in seinem Werk »Vita Nova«. Seine Zuneigung steigerte sich im Lauf der Jahre offenbar zu einer Verklärung der jungen Frau, vor allem nach ihrem frühen Tod während einer Epidemie im Jahr 1290. Ganz im Zeichen mittelalterlicher Troubadour-Lyrik, der Anbetung einer unerreichbaren Liebe, verehrt er sie in seinen ersten literarischen Arbeiten. In seinem Hauptwerk, der »Göttlichen Komödie«, ist sie es schließlich, die ihn in der Gestalt eines Engels durch die schönsten Sphären seines Werks führt, nämlich das Paradies.

Womöglich macht gerade die Tatsache, dass historisch so wenig über die tatsächlichen Begegnungen der beiden überliefert ist, diese Liebes-

FLORENTINUS NATIONE NON MORIBUS

Mit diesen Worten beschreibt Dante sich selbst: »gebürtiger Florentiner, aber nicht was die Sitten angeht«. Vermutlich drückt er mit diesen Worten zu Beginn der »Göttlichen Komödie« bereits seine gespaltene Beziehung zur Heimatstadt aus, die damals alles andere als harmonisch ist: Die papstnahen Guelfen und die kaisernahen Ghibellinen stehen sich feindlich gegenüber, immer wieder kommt es zu Auseinandersetzungen. In diese unruhige Zeit legt Dante seine Kunst und seinen Verstand: Er ist studierter Politiker, patriotischer Soldat – und vor allem Dichter. Die politischen Verhältnisse in Florenz zwingen ihn 1302 ins Exil; er stirbt 1321 in Ravenna, wo er auch begraben liegt. Dante gilt bis heute als Nationalheld und Vater der italienischen Sprache. Denn durch seine literarischen Werke, vor allem die »Göttliche Komödie«, trug er entscheidend dazu bei, dass statt Latein als gängiger Schriftsprache die damalige toskanische Mundart in ganz Italien (vor)gelesen und verbreitet wurde. Die »Göttliche Komödie« des gebürtigen Florentiners ist ein Meisterwerk der Weltliteratur.

geschichte so faszinierend. Die Anspielungen in Dantes Literatur lassen sehr viel Freiraum für Interpretation und bieten unendlich viele individuelle Möglichkeiten, sich diese Geschichte vor der schönen Kulisse der Florentiner Altstadt vorzustellen. Das Bild des britischen Malers Henry Holiday aus dem 19. Jahrhundert ist nicht umsonst eines der bekanntesten Dante-Bilder – denn es lässt diese Vorstellung so real, so bunt werden. Es zeigte eine potenzielle Begegnung der beiden am Ponte Santa Trinità.

Ein Haus mit Geschichte

Das feine Wohnhaus in der Via del Corso, vor dem Dante Alighieri sehnsüchtig nach oben schaute, ist auch heute noch nobel. Der Palazzo Portinari-Salviati war im 16. Jahrhundert Residenz des Großherzogs der Toskana, Cosimo I. de' Medici, und beherbergt heute ein exklusives Hotel mit Luxussuiten, Fresken aus dem 18. Jahrhundert und Blick auf die Altstadt. Dazu kommen ein Sternerestaurant und ein Day Spa mit dem passenden Namen Vita Nova – wie der Titel von Dantes großem Werk, in dem er Beatrice verehrt. Für 50 Euro

Henry Holiday: Dante and Beatrice (1883)

kann man dort zwei Stunden lang die Füße im warmen Wasser baumeln lassen, wo Beatrices Vater einst sein Geld zählte – im Keller des Hauses. Nichts mehr erinnert hier an die Zeiten im Mittelalter. Im Erdgeschoss hingegen weht noch ein Hauch des reichen Portinari-Duftes – zumindest kann man sich mit ein wenig Fantasie vorstellen, wie hier vor Hunderten von Jahren gewohnt wurde: Nach dem Eingang gleich zur Rechten führt eine Treppe hinauf zu den exklusiven Zimmern, die Stufen sind ausgekleidet mit einem roten Teppich.

Dante ist hier wohl nie entlanggegangen. Vermutlich hat er auch den Innenhof des Gebäudes nie gesehen, der sich sofort nach Betreten des Gebäudes mittig vor meinen Augen öffnet. Dennoch ist die teuerste Suite des Hauses nun nach ihm benannt – die exklusive Dante Alighieri Luxury Suite mit Blick auf die Via del Corso gibt's ab 2000 Euro pro Nacht und ist mit kostbaren Kassettendecken und Original-Terrakottaböden eine Hommage an den großen Dichter. Wenn er das wüsste!

Tullia Carlino Hautmann von der Casa di Dante zeigt mir die Schätze des Museums.

Das Bild des Dichters, allgegenwärtig in der Stadt

Dante Alighieri ist an vielen Orten in Florenz bildlich präsent; am bekanntesten wohl das Fresko von Domenico di Michelino (von 1465) an der Wand des linken Seitenschiffs in der Kathedrale Santa Maria del Fiore. Deren Kuppel ist neben anderen Wahrzeichen der Stadt und neben den Höllenkreisen aus Dantes Göttlicher Komödie auch auf dem Bild zu sehen. Eine seltsame Anmutung, denn Dante selbst hat die Kuppel nie erblickt – sie wurde erst 1436 vollendet, mehr als 100 Jahre nach seinem Tod. Außerdem gibt es zwei Totenmasken, die Dantes Gesichtsabdruck zeigen sollen – die im Palazzo Vecchio (wird im Hollywood-Blockbuster »Inferno« mit Tom Hanks sogar gestohlen, taucht aber wieder auf) und eine Kopie davon in der Casa di Dante. Ja, »Dantes Zuhause«, so heißt es offiziell, das Museum in der Via Santa Margherita, gerade mal drei Gehminuten von Beatrices Haus entfernt.

Vor den Pforten der Casa di Dante ist am Boden mitten auf dem Platz ein weiteres Bildnis Dantes versteckt, nicht ganz so offensichtlich: eine Silhouette, eingeritzt in das Pflaster vor dem Haus. Man muss schon genau hinschauen, um Dantes Profil zu erkennen. Mysteriös, wie es dahin kam. Kleine Suchhilfe: An der Stelle ist fast immer ein nasser Fleck.

Zwei Fragen an Tullia Carlino Hautmann

Woher stammt das Dante-Porträt auf dem Boden vor dem Museum?
Es ist mysteriös. Niemand weiß, von wem es stammt. Aber das Rätsel um den Künstler, der dieses Porträt in Stein gemeißelt hat, zeigt, wie groß das Interesse an Dante und seinen Wirkstätten nach wie vor ist. Passanten schütten immer wieder Wasser darauf, denn nur wenn es nass ist, erkennt man es gut. Es ist eigentlich immer nass.

Warum berührt uns Ihrer Meinung nach Dantes Liebe zu Beatrice noch heute?
Ich finde, die Antwort steckt schon in der Frage, im Wort »Liebe«. Es stimmt, dass viele Gelehrte, ausgehend von Boccaccio, Dantes Beatrice mit der Bankierstochter Beatrice Portinari identifiziert haben – eine Frau, die tatsächlich ganz in der Nähe von Dante lebte. Beatrice kann aber auch vom lateinischen Wort »beatrix« (die Seligsprechende) kommen und könnte somit auch ein Name sein, den Dante nur als allegorische Funktion für seine Glückseligkeit wählte. Dante erzählt uns mit außergewöhnlicher lyrischer Kraft von seiner Liebe zu Beatrice. Außerdem hat sie wichtige Schlüsselrollen in seinem größten Werk: Beatrice führt ihn in der »Göttlichen Komödie« aus dem dunklen Wald der Hölle und vertraut ihn Vergil an, um dann im 30. Gesang des Fegefeuers wieder aufzutauchen und Dante in den Himmel zu geleiten. Mit seinen Worten wird ihre Geschichte unsterblich; die Geschichte einer reinen, erhabenen und so starken Liebe, die sogar den Tod übersteht. Ähnlich wie Romeo und Julia, Tristan und Isolde – die großen Liebesgeschichten der Literatur, die auch Jahrhunderte später die Menschen faszinieren.

Doch Vorsicht, dies hier ist nicht wirklich Dantes Haus! In dieser Gegend hat er zwar nach Überlieferungen gewohnt, doch dieses konkrete Gebäude wurde erst im 20. Jahrhundert nachgebaut mit dem Wunsch, die Zeit Dantes nachzuempfinden. Genau das gelingt auch in diesem kleinen Museum: Auf drei Etagen wird die Zeit Dantes durch Videos, Erläuterungen, Bilder und Multimedia-Installationen lebendig, das Florentiner Stadtbild des 13. und 14. Jahrhunderts, die politischen Verhältnisse. Und sogar Dantes komplexe »Göttliche Komödie« wird mit einem Video in einem eigens dafür angelegten Mini-Kino klarer.

Santa Margherita dei Cerchi – Pilgerort für Verliebte

Nur ein paar Schritte weiter, ziemlich genau zwischen Dantes Haus und Beatrices Elternhaus in der Via del Corso, steht eine der ältesten Kirchen der Stadt, Santa Margherita dei Cerchi. Sie war sozusagen Dantes Familienkirche, denn hier ging seine Familie regelmäßig zur Messe. Doch eigentlich spielt in dieser Kirche heute eher Beatrice die Hauptrolle oder vielmehr ihr Geist: Sie soll hier im Grab ihrer Familie liegen. Die junge Frau starb im Alter von gerade mal 24 Jahren. Durch die Verehrung durch Dante in dessen Werken wurde Beatrice posthum weltberühmt und ist in der Weltliteratur seit Jahrhunderten ein Symbol für unerfüllte Liebe. Und so pilgern auch heute noch Menschen mit Liebeskummer – oder Liebende im Allgemeinen – zu ihrem Grab.

Wunschzettel an die Verstorbene

In dem kleinen Innenraum der Kirche kann man Beatrices Grabstein links gar nicht übersehen. Davor steht ein großer roter Korb, neben dem ein Kugelschreiber liegt. Täglich kommen Menschen hierher, um eine Nachricht zu hinterlassen. Der Korb ist bis oben hin gefüllt mit Zettelchen. Die wenigsten von ihnen sind gefaltet. Die meisten sind in italienischer Sprache verfasst und liegen mit der Schrift nach oben, als sollten sie von möglichst vielen gelesen werden. Oder als sollten sie möglichst weit nach oben in den Himmel ragen. »Caro Dante«, steht da als Anrede. Lieber Dante. Oder »cara Beatrice«, liebe Beatrice. So wie Gläubige zu Gott beten, wie sie Gebete beginnen mit »Lieber Jesus« oder »Lieber Gott«, mit »Heilige Maria«. So wird hier das Florentiner Liebespaar des 13. Jahrhunderts angefleht, das ja nie ein Liebespaar war.

Aus ein paar Metern Entfernung beobachte ich eine junge Frau, die minutenlang all die Zettel anzusehen scheint und das Grabmal auffällig lange und ausgiebig besichtigt. Plötzlich, in einem scheinbar unbeobachteten Moment, greift sie in ihre Hosentasche und entfaltet ein kleines Stück Papier. Kurz schaut sie sich um und legt es schnell zu den vielen anderen Zetteln. Sie bleibt noch kurz stehen und besichtigt noch mal genau und ausgiebig den Grabstein Beatrices. Dann geht sie. Hinter ihr sieht sich ein junges Paar den Korb an. Ob auch sie einen kleinen geheimen Zettel in der Hosentasche haben? Oder einer von beiden?

Als sie weg sind, gehe ich zum roten Korb. »Lieber Dante, lehre mich zu lieben, so wie Du Beatrice geliebt hast«, steht auf einem der Zettel. Wirklich? Da bittet jemand inständig um eine solch unerfüllte, schmerzhafte Liebe? Wohl kaum. Vielmehr zeigen solche Zeilen, wie stark Dante in seinen Versen seine Gefühle zum Ausdruck bringen konnte, wie sehr man ihn auch heute noch für diese großen Gefühle bewundert, wie gegenwärtig auch nach Jahrhunderten dieses Gefühl in Florenz ist.

Hoffnungen, Wünsche und Liebeskummer sind im Korb auf Beatrices Grab versammelt.

Ja, Dante war verheiratet mit einer anderen. Doch es ist die Liebe zu einer Frau, die er nur ein paar Mal getroffen haben soll und mit der er womöglich nie ein Wort gewechselt hat, die auch jetzt in diesem Moment präsent ist. Die Liebe ist seit Jahrhunderten spürbar in seinen Werken, in seinem Gang durchs Paradies in der »Göttlichen Komödie«, und sie ist wohl unendlich präsent hier in Florenz in diesem Dreieck zwischen Via del Corso Nr. 6, der kleinen unscheinbaren Kirche Santa Margherita und der Gegend seines eigenen Zuhauses wenige Meter weiter.

Lassen Sie es zu, dass auch Sie einen Moment lang dieser Romantik verfallen. Auch wenn man, wie gesagt, nichts Genaues über diese Liebe weiß. Auch wenn heute stetes Treiben in der Straße vor Beatrices Haus herrscht und vor der kleinen Kirche Fotos gemacht werden. Stellen Sie sich diese geschäftigen Gassen im Mittelalter vor, während Sie durchgehen. Es ist ruhiger, und der junge Dante läuft immer wieder vor Beatrices Haus auf und ab oder hält in der kleinen Kirche nach ihr Ausschau. Um sie nach ihrem Tod noch mehr zu vergöttern. Für immer. Bis heute.

Die Schlüssel zur unendlichen Liebe

So wie Dante Alighieri seine großen Gefühle unsterblich gemacht hat in seinem Werk, so wollen auch viele andere Liebende seit jeher ihre große Liebe festhalten, verewigen, ja vielleicht sogar »einsperren«. Liebesschlösser mit den Initialen des jeweiligen Paares hängen nicht nur am Eingangsschild der kleinen Kirche Santa Margherita dei Cerchi, sondern auch auf dem Ponte Vecchio rund um die Büste des großen Florentiner Renaissancekünstlers und Bildhauers Benvenuto Cellini. Er ist unter anderem der Schöpfer der bronzenen Perseusstatue mit dem Medusakopf in der Loggia dei Lanzi. Cellini war zudem der wohl bekannteste Florentiner Goldschmied des 16. Jahrhunderts und bekam deswegen anlässlich seines 400. Geburtstages dieses Monument gesetzt – auf der Brücke, auf der seit dem Ende des 16. Jahrhunderts ausschließlich Gold- und Silberschmiede ihre Läden betreiben dürfen.

Heutzutage ist die Brücke meist ziemlich voll. Jeder will in der Mitte mit Blick über den Arno ein Foto machen. Vor allem Liebespaare. Wer weiß, wie oft Cellini in den letzten Jahrzehnten Mittelpunkt romantischer Erinnerungsfotos war. Ja, auch hier ist Liebe täglich spürbar und sichtbar – nicht zuletzt wegen der vielen Liebesschlösser am Gitter um Cellinis Büste. An jedem einzelnen Schloss scheint auch ein Stück der jeweiligen Liebesgeschichte zu hängen. Ein kleiner Teil der Verliebten bleibt vielleicht für immer in Florenz, diese Vorstellung gefällt mir.

Der Reiz des Verbotenen

Offiziell ist es mittlerweile verboten, am Ponte Vecchio Liebesschlösser anzubringen: Seit 2006 soll es 50 Euro Strafe kosten, wenn man sich hier beim Anbringen eines Schlosses erwischen lässt. Angeblich sollen sogar manchmal Carabinieri in der Nähe der Cellini-Büste stehen.

Wie unangenehm muss es sein, wenn der romantische Moment durch eine schnöde Geldstrafe abrupt beendet wird. Amor interruptus. Aber, unter uns, ich habe bei den Liebesschlössern noch nie einen Carabiniere gesehen. *Siamo in Italia.*

Liebesschlösser an der »Dante-Kirche« Santa Margherita dei Cerchi

Jedenfalls sehe ich immer auch Schlösser mit ganz aktuellem Datum. Haben beispielsweise A und F – Alessandra und Francesco (oder Amy und Freddy oder Anna und Frank) – ihr Schloss vor ein paar Tagen heimlich, still und leise angebracht, weil es noch romantischer ist, wenn man etwas »Verbotenes« tut? Tagsüber kann es schwer werden, einen Moment der Zweisamkeit zu genießen, geschweige denn ein Foto hinzukriegen, das nach Zweisamkeit aussieht.

Morgens aber, wenn man Glück hat, kann es der Romantik fast zu viel werden: Als seien sie bestellt worden, fliegen vier weiße Tauben am Arno auf und ab. Direkt vor meinen Augen spannen sie ihre Flügel auf und segeln fast angeberisch eine ganze Weile vor mir hin und her.

Nein, ein Geheimtipp ist der Ponte Vecchio wahrlich nicht für Romantiker. Kommen Sie unbedingt zur richtigen Tageszeit hierher. Frühmorgens oder spätabends ist es am schönsten, sich hier in die Augen oder über den Arno zu schauen.

HÄTTEN SIE'S GEWUSST?

Sogenannte Liebesschlösser sind an Brücken in ganz Europa verbreitet. Und zum Ursprung gibt es verschiedene Theorien. Fragt man die Italiener, kommt der Trend aus Florenz – auch wenn er ursprünglich gar nichts mit Liebe zu tun hatte: Absolventen der Akademie San Giorgio sollen das Ende ihrer Ausbildung besiegelt haben, indem sie die Vorhängeschlösser ihrer Spinde auf dem Ponte Vecchio befestigten und die Schlüssel in den Arno warfen. Verliebte in Rom hätten den Trend übernommen und damit an der Milvischen Brücke ihre Liebe zum Ausdruck gebracht.

Die Dreifaltigkeitsbrücke

Noch romantischer kann es sein, beim Blick übers Wasser den Ponte Vecchio zu sehen, anstatt auf ihm zu stehen. Das klappt hervorragend auf dem Ponte Santa Trinità im Westen. Vier Skulpturen, die die Brücke umrahmen, stellen die vier Jahreszeiten dar und erinnern an eine weitere Florentiner Liebesgeschichte, die ursprünglich als politisch motivierte Verbindung begann: Die Skulpturen wurden 1608 anlässlich der Hochzeitsfeierlichkeiten von Cosimo II. de' Medici und Maria Magdalena von

Österreich aufgestellt. Während des Zweiten Weltkriegs wurde die Brücke zwar weitestgehend zerstört, doch wieder originalgetreu aufgebaut. Und auch die Skulpturen wurden im Fluss gefunden und nach der Restaurierung wieder auf ihren alten Platz gestellt.

Gerade abends mit Blick auf den Ponte Vecchio zwischen den vier Jahreszeiten aus Marmor zu stehen, in der einen Hand die Hand des Partners, in der anderen ein Eis aus der benachbarten Gelateria Santa Trinità – das sollten Verliebte in Florenz mal getan haben.

Noch romantischer als auf dem Ponte Vecchio? Zumindest ist es auf dem Ponte Santa Trinità meist ruhiger.

Wie in einem kleinen abgelegenen Dorf

Gerade abseits der Touristenpfade finden sich zahlreiche Wege und Gassen für romantische Spaziergänge zu zweit. Im Grünen sowieso, aber auch mitten in der Stadt: Wenn Sie genügend Kondition für einen kleinen Anstieg haben, starten Sie Ihren Spaziergang auf der kleinen Piazza di Santa Maria Soprarno am linken Arnoufer. Treppen führen hinauf zur Costa San Giorgio, auf der Sie nach ein paar Hundert Metern am Wohnhaus Galileo Galileis vorbeikommen. Weiter geht es bergauf zum Forte Belvedere, das einen sensationellen Blick über die Stadt bietet. Den Rückweg in die frühen Abendstunden zu legen ist wunderschön: Im Herbst oder Frühling, wenn es gegen 6 Uhr abends schon dämmert, sind die kleinen abgelegenen Gassen hier oben besonders hübsch, denn dann flackern die mittelalterlich anmutenden Straßenlaternen. Da die Bürgersteige schon für eine Person viel zu schmal und sowieso meist von Vespas zugeparkt sind, gehen Sie einfach zu zweit auf der Straße im Licht der Laternen. Dazu schlägt die Glocke der nahe gelegenen Kirche

In der Via del Canneto

San Giorgio – ähnlich provinziell wie bei einer Dorfkirche. Kaum zu glauben, dass man hier nur wenige Meter von einer Metropole entfernt ist. Die Costa Scarpuccia schließlich führt Sie in die romantische kleine Via del Canneto, die mit ihren Stützbögen das Gefühl aufkommen lässt, man spaziere statt durch die toskanische Hauptstadt durch ein malerisches toskanisches Dorf.

Was?

Den Spuren Dante Alighieris in seiner Heimatstadt folgen.

Wo?

Palazzo Portinari-Salviati

Das Geburtshaus von Dantes vermuteter Liebe Beatrice ist heute ein Luxushotel.

- Via del Corso 6
  Tel. +39-055-53 53 53
  www.ldchotelsitaly.com/de

Casa di Dante

Das Museum liegt zwar in der Gegend, in der Dante lebte, ist aber nicht sein Geburtshaus, sondern wurde in Anlehnung an die damalige Bauweise rekonstruiert.

- Via Santa Margherita 1
  Tel. +39-055-21 94 16
  www.museocasadidante.it
  April–Okt. tgl. 10–16, Nov.–März
  Di–Fr 10–17, Sa/So 10–18 Uhr
  Eintritt 8 Euro

Santa Margherita dei Cerchi

In der kleinen Kirche soll Beatrice Portinari begraben sein; ein Wallfahrtsort für Liebende und unglücklich Verliebte, die in einem Korb an Beatrices Grab Zettel mit Wünschen hinterlassen.

- Via Santa Margherita

TIPPS

WEITERE TIPPS AUF DEN SPUREN DANTES

Torre della Castagna

Der mittelalterliche »Kastanienturm« war der erste Regierungssitz
der Stadt, hier wurde zu Dantes
Zeiten Politik gemacht. Bei Ab-
stimmungen wurden Kastanien in
bestimmte Beutel gesteckt, daher
der Name. Wenig später, ab 1314,
zogen die Priori in den neuen Palast
an der Piazza della Signoria um,
der heute Palazzo Vecchio heißt.
• Piazza San Martino

Badia Fiorentina

Abteikirche aus dem Mittelalter
mit einem der charakteristischsten
Türme der Stadt. Zu Zeiten Dantes
eines der wichtigsten Gebäude. In
der Nebenkapelle von Santo Stefano bei der Badia hielt der Dichter
und Dante-Bewunderer Giovanni
Boccaccio im 14. Jahrhundert seine
Vorträge über die »Göttliche Komödie« und trug so zur Verbreitung des Meisterwerks bei. Auch
heute finden in Anlehnung an Boccaccio noch Dante-Lesungen statt.
• Via del Proconsolo
  www.badiafiorentina.org

Antico Ristorante Sasso di Dante

Traditionelles Restaurant direkt
neben dem Vero Sasso di Dante,
mit dem einzigartigen Blick auf den
Dom, den Dante vom Stein aus
genossen haben soll. Fisch, Fleisch
und exzellente Pastagerichte direkt
im historischen Zentrum, aber doch
gut versteckt und ruhig auf einer
kleinen Piazza gelegen.
• Piazza della Pallotole
  Tel. +39-055-28 21 13

Der »Kastanienturm«
gegenüber der Casa di Dante

GALILAEVS GALILEIVS PATRIC. FLOR.
GEOMETRIAE ASTRONOMIAE PHILOSOPHIAE MAXIMVS RESTITVTOR
NVLLI AETATIS SVAE COMPARANDVS
HIC BENE QVIESCAT
VIX. A. LXXVIII. OBIIT. A. CIƆ. IƆ. C. XXXXI.
CVRANTIBVS AETERNVM PATRIAE DECVS
X. VIRIS PATRICIIS SACRAE HVIVS AEDIS PRAEFECTIS
MONIMENTVM A VINCENTIO VIVIANIO MAGISTRI CINERI SIBIQVE SIMVL
TESTAMENTO F. I.
HERES IO. BAPT. CLEMENS NELLIVS IO. BAPT. SENATORIS F.
LVBENTI ANIMO ABSOLVIT.
AN. CIƆ. IƆ. CCXXXVII.

Das Grabmal Galileo Galileis in der Kirche Santa Croce

4

Fußballjubel und letzte Ruhe in Santa Croce

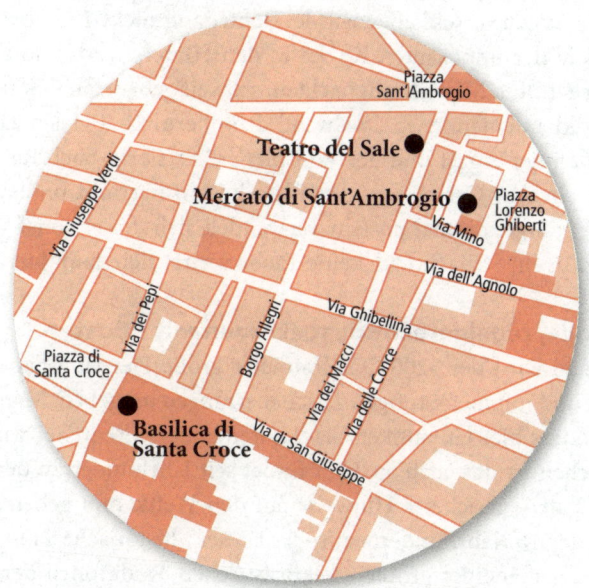

Prachtvolle Grabmäler in der Kirche, Ruhm, Ehre und blutige Nasen auf dem Platz davor, Kulinarik und Komödie im Teatro del Sale und ein Florentiner Weihnachtsmarkt, der auch so heißt.

Das Pantheon von Florenz

Die weiße Fassade der größten Franziskanerkirche der Welt glänzt in der Abendsonne, zwei Tauben wackeln über den weitläufigen Platz, der umgeben ist von 28 Steinbänken. Für mich einer der ästhetischsten Orte der Florentiner Altstadt: die Piazza Santa Croce.

Links vor der Kirche steht auf einem hohen Sockel der florentinische Nationalheld Dante Alighieri. Stolz blickt er über den großen Platz. Und zwar auch an den wenigen Tagen des Jahres, an denen er vielleicht viel lieber die Augen verschließen würde. Denn dann rückt die hübsche weiße Fassade der imposanten Kirche in den Hintergrund, und auf dem Platz spritzt Blut. Männer mit nackten, schweißgebadeten Oberkörpern gehen wild aufeinander los, während drumherum bei vielen Zuschauern Tränen der Angst und der Wut fließen. Es riecht nach Rauch und Schweiß. In den Gassen um den Platz herum herrscht unüberschaubares Gedränge. Einmal im Jahr verwandelt sich dieser sonst so friedliche Ort in ein Schlachtfeld, keine Taube verirrt sich dann hierher.

»Fußball«, regelgerecht ausgetragen mit Fäusten

Im Vorfeld wird der 3200 Quadratmeter große Platz mit Sand aufgeschüttet und mit mehrstufigen Zuschauerrängen umgeben. Man könnte meinen, dass hier ein antiker Gladiatorenkampf vorbereitet wird. Und ein bisschen ist das auch so. Hier findet seit Jahrhunderten der Calcio Storico statt – gesicherte Hinweise auf den Wettkampf gehen auf den Beginn des 16. Jahrhunderts zurück. Dieser »historische Fußball« gilt bis heute als eine der größten folkloristischen Traditionen der Stadt – und wohl als brutalster Sport der Welt. »Zu klein für einen Krieg, aber zu grausam für ein Spiel«, soll König Heinrich III. von Frankreich 1575 bei einem Besuch in Florenz den Calcio Storico kommentiert haben.

Fast alles ist zulässig, um an den Ball zu kommen, sogar Faustschläge ins Gesicht des Gegners sind erlaubt. Kein Wunder also, dass hier Blut fließt und zuweilen sogar Knochen brechen. Für die Zuschauer sieht es

Die Piazza Santa Croce vor der gleichnamigen beeindruckenden Kirche

meist eher nach Ringen oder Wrestling aus als nach Fußball. Zig Kran-kenwagen parken rund um den Platz, Tragen lehnen an den Wagen, und zahlreiche Sanitäter stehen in der Hitze jederzeit einsatzbereit direkt am Spielfeld. Mitunter schlimme Bilder bieten sich in den 50 Spielminuten den Augen der Tausenden Zuschauer vor Ort und den Millionen, die die Live-TV-Übertragung verfolgen.

Zu klein für einen Krieg, aber zu grausam für ein Spiel.

Aber so primitiv und simpel, wie es auf den ersten Blick aussehen mag, ist es nicht. Denn zum einen gibt es sehr wohl Regeln – immer nur ein Mann gegen einen anderen, keine Angriffe von hinten, und die viel-leicht wichtigste: Man hat Respekt vor seinem Gegner. Ein Ehrenkodex, ein bisschen wie früher zur Ritterzeit. Doch was fast noch wichtiger ist, das beteuern alle, die hier dabei sind: Es ist neben der sportlichen Her-ausforderung vor allem eine immense Ehre, Teil dieser historischen Tra-dition sein zu dürfen und für das eigene Stadtviertel anzutreten.

Filippo Giovannelli ist seit 2015 Direktor des Calcio Storico und er-läutert mir die Besonderheiten dieses Sports.

Im Gespräch mit Filippo Giovannelli

Was ist Ihrer Meinung nach das Geheimnis des Erfolgs des Calcio Storico? Warum begeistern sich die Florentiner so dafür?
Zum einen machen zwei Mannschaften hier den Eindruck, als könnten sie innerhalb des Spielfelds tun und lassen, was sie wollen. In Wirklichkeit gibt es Regeln, und Verstöße dagegen werden nicht toleriert. Zum anderen ist es die Größe des historischen Ereignisses. Es versetzt uns mit seinen imposanten Umzügen zurück in die Vergangenheit, als Florenz eine freie Republik war. Auf diese Geschichte sind die Florentiner stolz, die Aktiven ebenso wie die Fans.

Mittlerweile kommen auch viele Touristen hierher – ein gigantisches Ereignis von internationaler Bedeutung ...
Touristen sind wichtig für die Stadt, beim Calcio Storico haben Florentiner jedoch bei den Eintrittskarten eine Art Vorrecht, denn sie können ihre Karten über die teilnehmenden Mannschaften bevorzugt beziehen. Aber natürlich kommen immer mehr Menschen aus der ganzen Welt; die Vergabe der Fernsehrechte hat unserer Veranstaltung noch mehr internationale Bekanntheit verschafft.

Was gefällt Ihnen persönlich am meisten am Calcio Storico? Wollten Sie schon einmal selbst mitspielen?
Die Geschichte dieses Spiels, seine Entwicklung und das ganze Drumherum faszinieren mich. Es ist wunderschön, und daran teilzunehmen gehört sicher zu den intensivsten Erfahrungen, die man im Leben machen kann – und die Mut erfordern. Man muss sich aber körperlich vorbereiten wie ein Kontaktsportler. Das hätte ich nie gekonnt; mein Sport war immer die Leichtathletik.

Wer sind die Akteure und wie werden sie ausgewählt?
Opferbereitschaft, Training und eine spezielle Technik sind wichtig. Alle Spieler üben neben ihrem Beruf eine Sportart aus wie Ringen, Boxen, Laufen oder Kontaktsport – was man eben beim Calcio Storico braucht. Und alle müssen sich von Anfang an ganz der Mannschaft unterordnen. Je nach ihren körperlichen und ath-

letischen Eigenschaften werden die Spieler auf verschiedenen Positionen eingesetzt. Die Größten und Stärksten sollen die Gegner an vorderster Front blocken. Laufspiel und taktisches Verständnis sind bei den Ballverteilern im Mittelfeld gefragt, und die Stürmer, die die Tore erzielen sollen, müssen schnell und wendig sein.

Viele halten Calcio Fiorentino, wie Calcio Storico auch genannt wird, für den brutalsten Sport der Welt. Ist das wirklich so?
Calcio Fiorentino ist in Wirklichkeit nicht brutaler als Boxen, MMA, Wrestling oder Rugby. Es ist das große Ganze des Spektakels, das die Stimmung so sehr hebt und das Spiel zu etwas Einzigartigem werden lässt. Es kommt von Herzen. Echte Leidenschaft bewegt die Gemüter viel mehr, als es ein einfaches Preisgeld für irgendeinen Sportwettbewerb könnte.

Die historischen Stadtviertel

Es gibt die Bianchi, also die Weißen aus dem Viertel Santo Spirito, die Verdi, die Grünen aus San Giovanni, die Rossi, die Roten aus Santa Maria Novella, und die Azzurri, die Blauen aus Santa Croce. Das sind die vier historischen Stadtviertel, und die sind auch schon von Anfang an dabei. Ursprünglich wurde der Calcio Storico nämlich ins Leben gerufen, um die wohlhabenden Florentiner Schichten zu unterhalten. Die ausschließlich einheimischen Fußballer repräsentieren mittlerweile alle möglichen Berufsgruppen: Handwerker, Anwälte, Ärzte, Mosaikleger und Metzger. Wobei: Fußballer darf man sie eigentlich gar nicht nennen – zumindest nicht im

Filippo Giovannelli weiß über alle Einzelheiten des Calcio Storico Bescheid.

Italienischen, denn es gibt tatsächlich einen eigenen Begriff für die Spieler des Calcio Storico: Sagt man *calciatori* (Fußballer, wörtlich Treter), wird man sofort korrigiert – es seien nämlich *calcianti* (wörtlich also Tretende).

Es ist ein Spektakel für die ganze Stadt, und mittlerweile ist es auch für Touristen aus aller Welt ein Anreiz, genau zu dieser Zeit nach Florenz zu reisen. Ein Event, das man problemlos auch ohne italienische Sprachkenntnisse versteht. Wenn die vier Mannschaften mit viel Pyrotechnik und in bunten historischen Kostümen auf der Piazza einlaufen, explodieren die Emotionen. Und noch mehr explodieren sie anschließend auf dem Feld: Sobald die Metallzäune rund um das Spielfeld geschlossen werden, hat jeder einzelne dieser mehr als 100 Männer (jede der vier Mannschaften besteht aus 27 Spielern und ein paar Ersatzspielern) nur ein Ziel: sein Stadtviertel als Gewinner zu sehen. Und dafür gibt er alles.

Geschäftsmann und Calciante

Einer von ihnen ist Lapo Cherici, Jahrgang 1996 und Fußballer seit seinem sechsten Lebensjahr. Er ist körperlich topfit, sympathisch, und auf seiner Brust ist der Satz »Amat victoria curam« tätowiert, lateinisch für

Im Schiacciavino mit Cosimo (Mitte) und Lapo (rechts)

»der Sieg liebt die Vorbereitung«, heißt also so viel wie »ohne Fleiß kein Preis«. Wie passend für diesen akribischen Jungunternehmer, der im Stadtviertel Santo Spirito erfolgreich seine eigene Fiaschetteria (eine Art Weinhandlung) betreibt – das Schiacciavino. Mit viel Zeit und Herzblut, frischen, lokalen Zutaten und kulinarischem sowie betriebswirtschaftlichem Know-how sorgt er für das leibliche Wohl seiner Kunden. Nur einmal im Jahr vernachlässigt er seinen Laden, das wissen und akzeptieren auch seine Kunden und Kollegen. Mitgesellschafter Cosimo verdreht spaßig die Augen und lacht: »Ja, ja, bald geht's wieder los. Da hat er dann nur noch eins im Sinn, der Verrückte! Und wir müssen hier wieder alles allein machen.«

Im Gespräch mit Lapo Cherici

Lapo, Du bist seit ein paar Jahren erfolgreich als Unternehmer in der Gastronomie. Dein Herz schlägt aber auch für den Fußball. Wobei – Fußball kann man das gar nicht wirklich nennen, oder?
Calcio Storico geht tatsächlich über den klassischen Fußball hinaus – Kampfsportelemente und Körperlichkeit spielen eine viel größere Rolle. Für mich persönlich ist es aber noch mehr als Sport, es ist eines der schönsten Dinge der Welt. Ein Freund von mir, der bereits Vater ist, sagte mal, dass nur die Geburt seines Kindes dieses Gefühl getoppt hat.

Auch Du hast schon mehrmals mitgemacht bei diesen großen Gefühlen und dem Calcio Storico? Was gibt Dir das?
Das ist eine Mischung aus der Liebe zur Heimatstadt und dem Wunsch zu beweisen, was man kann. Klar, ein netter Nebeneffekt ist natürlich, dass man kurz vor und kurz nach den Spielen ein bisschen zum Star wird, zum Lokalpromi: Ab und zu gibt's mal was umsonst, oder ich merke, wie die Leute mich stolz anschauen oder mir auf die Schulter klopfen. Das tut natürlich gut, aber der eigentliche Grund, warum ich das mache, ist ein anderer: Es ist eine unbeschreibliche

Ehre, Teil dieser Tradition zu sein, in dieses historische Kostüm zu schlüpfen und dabei mein geliebtes Stadtviertel Santo Spirito zu vertreten. Auch der Respekt vor der jahrhundertealten Historie und die Angst zu scheitern spielen eine Rolle. Schließlich muss man dann wieder 365 Tage warten bis zur möglichen Revanche.

Es ist also mehr als ein Hobby, das man einmal im Jahr auslebt?
Absolut. Ich habe zum ersten Mal 2006 zugeschaut, da war ich zehn. Und schon damals wusste ich: Da will ich mitmachen. Mit allem, was dazugehört. Und das bedeutet hartes Training rund ums Jahr, vor allem in den Monaten unmittelbar vor dem Turnier, starke Nerven und natürlich auch Verletzungen. Zum Glück habe ich mir noch nie was gebrochen.

Das klingt ein bisschen verrückt, so was freiwillig zu tun.
Das ist es auch. Diese Leidenschaft ist nicht rational zu begründen. Wir Spieler sind impulsiv, sehr lebendig und alle auch verrückt, klar. Ich habe meine große Liebe Azzurra kurz vor der Pandemie kennengelernt. Der entscheidende Vorteil war, dass der Calcio Storico dann wegen Corona zweimal ausfiel und sie das also erst einmal nicht miterlebt hat. Als sie dann 2022 das erste Mal dabei war, stand sie mit offenem Mund da und fragte mich danach völlig fassungslos: »Schatz, wer bist Du eigentlich?« Diese wilde, irrationale Seite von mir kannte sie überhaupt noch nicht.

Aber Ihr seid noch zusammen. Sie geht diesen Weg also mit und unterstützt Dich?
Ja, sie ist bei jedem Wettkampf dabei, und das Schönste ist ihre stolze Umarmung nach dem Spiel. Sie unterstützt mich auch in den Trainingsphasen – eine monatelange Mischung aus hartem Kraft- und Konditionstraining und Kampfsport.

Und Deine Familie? Was sagt die?
Meine Mamma ist nach wie vor überhaupt nicht begeistert, denn natürlich macht sie sich Sorgen, dass ich mich dabei mal ernsthaft verletze. Mit meinem Vater gibt es ein wunderschönes Ritual: Am

Tag des Wettkampfs wache ich schon früh morgens um 6 Uhr auf, obwohl das Spiel erst abends stattfindet. Ich laufe dann mit den Mannschaftskollegen und unserer Flagge in die Kirche Santo Spirito und zünde eine Kerze an. Danach besuche ich meinen Vater. Wir sprechen gar nicht über den Wettkampf, er umarmt mich nur, küsst mich und lässt mich gehen. Jedes Mal der gleiche Ablauf.

Wie schön. Und der morgendliche Gang in die Kirche, gibt der Dir auch Kraft?
Ja, das ist eine wichtige Tradition. Ich bin kein ausgeprägter Christ, aber dieser Kirchenbesuch mit der Mannschaft gehört dazu. Schon zwei Wochen vorher werden wir Spieler in der Kirche gesegnet. Ein Riesenthema für alle im Viertel, jeder wünscht uns Glück und unterstützt uns – fast so, als würden wir in den Krieg ziehen!

Das ist alles auch sehr zeitaufwendig. Fast so ein bisschen wie ein zweiter Beruf, oder?
Nein, mehr noch, es ist wie eine zweite große Liebe.

Lapo Cherici in voller Aktion beim Calcio Storico

Ende Juni kehrt dann wieder die (letzte) Ruhe ein

Wenn diese zweite große Liebe nach dem 24. Juni (das Finale findet jedes Jahr traditionell am Johannistag statt) dann erst mal wieder ruht, die Calcianti sich auf die stolzen Schultern haben klopfen lassen und in ihre Berufe zurückgekehrt sind, dann verwandelt sich auch die Piazza Santa Croce schlagartig wieder in das, was sie an den meisten Tagen des Jahres ist: ein besonders schöner, weitläufiger Platz vor einer der bedeutendsten Kirchen der Stadt. Die Basilika Santa Croce sieht nur seitlich noch so aus, wie sie im 13. und 14. Jahrhundert gebaut wurde. Die charakteristische Fassade, mit der sie an die Kathedrale Santa Maria del Fiore erinnert, erhielt sie erst später im 19. Jahrhundert.

Die Basilika wird auch das Mausoleum oder Pantheon von Florenz genannt. Letzteres nicht etwa, weil sie dem Pantheon in der Bauweise ähnelt, sondern weil so viele berühmte Persönlichkeiten hier ihre letzte Ruhe gefunden haben. Wenn man durch den beeindruckend riesigen Innenraum schreitet, nachdem man die Kapelle mit den weltberühmten Giotto-Fresken studiert und hinter sich gelassen hat, dann kann man kaum fassen, wie viele hochkarätige Namen entlang der beiden Seitenschiffe zu lesen sind und wie imposant und prachtvoll ihre Grabmäler gestaltet sind. Es ist wie ein Friedhof der Superlative. Michelangelo, Dante, Galilei, Machiavelli, Rossini.

DANTES GRAB IST LEER

Dante Alighieri starb 1321 im Exil in Ravenna. Dort ist auch sein tempelförmiges Grabmal als Gedenkstätte zu sehen. Seine Heimat Florenz bemühte sich in den folgenden Jahrhunderten mehrmals vergebens um eine Beisetzung Dantes in Florenz und errichtete ihm schließlich rund 500 Jahre nach seinem Tod die berühmte Statue links vor der Fassade der Kirche sowie ein monumentales Kenotaph in der Kirche, in der Hoffnung, womöglich doch irgendwann die sterblichen Überreste überführen zu können. Doch bis heute ist Dantes Grab in Florenz leer.

Grablege der Buonarroti

Mich beindruckt vor allem das Grab Michelangelos wenige Meter vor mir. Zu wissen, dass das

Michelangelos Grabmal wurde von Giorgio Vasari gestaltet.

Universalgenie tatsächlich hier seine letzte Ruhe gefunden hat, dass seine sterblichen Überreste seit Jahrhunderten an dieser Stelle liegen, berührt mich. Das Grabmal geht auf Giorgio Vasari zurück und zeigt die Personifikationen der Malerei, der Bildhauerei und der Architektur – die Künste, die Michelangelo in Vollendung beherrschte. Er selbst ist in Form einer Büste das Zentrum dieses imposanten Werks.

Berühmte Schwester in New York

Etwas schlichter ist das Grab des Dichters und Dramaturgen Giovanni Battista Niccolini: Der Bildhauer Pio Fedi wurde 1870 mit der Gestaltung des Grabmals beauftragt, es sollte die Allegorie der Poesie darstellen. Fedi zeigt sie in Form einer gekrönten Frau, die den rechten Arm hebt und eine zerbrochene Kette hält, in der anderen Hand einen Lorbeerkranz, das Symbol der Poesie. Kommt Ihnen diese Frau nicht bekannt vor? Tatsächlich steht knapp 7000 Kilometer entfernt eine weltberühmte, sehr ähnliche (wenn auch viel größere) Statue – erschaffen Ende des 19. Jahrhunderts von dem französischen Bildhauer Auguste Bartholdi. Auf den ersten Blick könnte man meinen, Pio Fedi habe sich bei der Gestaltung des Dichtergrabs an der Freiheitsstatue in New York orientiert.

Die Figur auf Niccolinis Grabmal kommt einem irgendwie bekannt vor ...

Allerdings wurde diese erst 1886 eingeweiht, da stand die florentinische Allegorie der Poesie bereits drei Jahre lang in Santa Croce.

Zudem hielt sich der Franzose Bartholdi um 1870 tatsächlich in Florenz auf – hat er sich womöglich von Fedis Aufzeichnungen und Entwürfen inspirieren lassen? Wirkliche Belege dafür gibt es nicht, auch wenn viele Menschen in Florenz das anders sehen. Denn natürlich macht dieser Gedanke die Florentiner stolz: Die Freiheitsstatue in den USA könnte zurückgehen auf eine Skulptur in ihrer Stadt? Wow.

Vielleicht zeigt sich in der Ähnlichkeit ja einfach ein gemeinsamer Zeitgeist wie in so vielen Skulpturen des späten 19. Jahrhunderts? Die stolze Frau als Bild der Demokratie, der Freiheit, in Fedis Fall der Poesie? Oder hat sich Bartholdi wirklich ganz konkret an Fedis Werk orientiert? Ist die Freiheitsstatue womöglich sogar ein Plagiat? Die Ausstellung »Sisters in Liberty« von 2019/2020 in New York stellte genau diese These zur Diskussion. Wie auch immer, nicht nur den Florentinern scheint diese Vorstellung zu gefallen, auch viele der amerikanischen Touristen jedes Jahr scheinen die Geschichte dankbar anzunehmen und vor Niccolinis Grab einen Augenblick länger zu verweilen.

Der Duft von Sant'Ambrogio

Hinter der Kirche, ein paar hundert Meter nordöstlich davon, duftet es schon früh morgens nach Rosmarin, Käse und reifen Orangen. Der Mercato di Sant'Ambrogio ist bei Touristen nicht so bekannt wie der

Ein kurzer Plausch mitten im bunten Marktleben in Sant'Ambrogio

Mercato Centrale oder Mercato Nuovo; er wird hauptsächlich von Einheimischen besucht. Das macht ihn so schön authentisch und alltäglich. Er bietet außen zum Teil überdachte Stände mit einem riesigen Angebot an frischem Obst und Gemüse. In der Markthalle daneben gibt es feste Verkaufsstellen mit hochwertigen lokalen Erzeugnissen: frisches Fleisch, appetitlich hergerichtete Wurstwaren, hausgemachte Pasta jeglicher Couleur, duftende Käsesorten hinter glänzenden Glasscheiben und immer das freundliche Lächeln der Verkäufer wie Luca Menoni, der hier regelmäßig frischeste Metzgerware anbietet und bei dem alle Mitarbeiter rote Schürzen tragen.

Spazieren Sie einfach mal durch und lauschen Sie den Gesprächen der Menschen, die hier einkaufen – auch falls Sie nichts davon verstehen, passt der vokalreiche Klang dieses alltäglichen italienischen Geplänkels zur kulinarischen Ästhetik hier. Auf diesem Markt sind florentinischer Alltag und die gute Laune Italiens besonders spürbar.

Das Teatro del Sale und die Würze des Lebens

Auch abends ist die Gegend um Sant'Ambrogio fast ausschließlich in florentinischer Hand. Sehr zu empfehlen sind die Pizzeria Il Pizzaiuolo und das benachbarte Teatro del Sale, eine Kleinkunstbühne, mit viel Herzblut betrieben von Maria Cassi. Mit ihrer großen Liebe Fabio Picchi eröffnete sie 2003 dieses Theater: Ihr Ehemann war Gründungskoch und Chef des benachbarten Cibrèo, seit den späten 1970ern ein in ganz Italien renommiertes Restaurant. Dass dieser charismatische Gastrounternehmer, Ernährungsexperte und Autor im Februar 2022 mit gerade mal 67 Jahren starb, war ein Schock für die ganze Stadt, die italienische Gastrobranche, die Florentiner Kulturszene – vor allem aber für Maria Cassi und Fabios vier Kinder aus erster Ehe.

Das gemeinsame Projekt, das Teatro del Sale als Ort, an dem Kunst, Kultur und gutes Essen zusammenkommen, führt Cassi nun ohne Picchi fort. »Er fehlt mir unglaublich, ich leide sehr«, gesteht sie mir in unserem Gespräch. »Wir waren uns unglaublich nah. Dennoch kann ich heute auf der Bühne stehen und konnte es auch schon recht bald wieder nach seinem Tod. Ich war dort oben noch keine Sekunde traurig – bei den

Aufführungen spüre ich Fabio, sein Geist ist dabei. Es ist wie ein Gebet: Wenn ich da oben auf der Bühne stehe, bin ich ihm ganz nah.« In seinem Namen führt sie das Theater weiter, unterstützt von der exzellenten Küche des Cibrèo, einem großartigen Team und seinen Kindern. Draußen im Foyer sind die Bücher ihres Mannes ausgestellt, und so lächelt einen noch immer der charmante, weißbärtige Fabio Picchi aus den Regalen an, der hier früher mit Maria Cassi zusammen für Aufsehen sorgte.

»Dieser Ort war der Wunsch und die Vision der Liebe meines Lebens.« (Maria Cassi)

Eine Ausnahmekünstlerin

Maria Cassi ist Sängerin, Schauspielerin, Comedienne. Irgendwie weiß man nach einem Abend mit ihr auf der Bühne gar nicht genau, wie man sie bezeichnen soll. Sie steht im Teatro del Sale selbst im Rampenlicht und verzaubert die Zuschauer mit Gesangskunst und unbändigem Witz.

Zuvor wird das Publikum mit einem mehrgängigen Menu verwöhnt: Ab 19.30 Uhr wird zwei Stunden lang gegessen, erst danach beginnt die Show. Auch unter der Woche kann es hier locker Mitternacht werden, bis man sich gesättigt und beglückt wieder auf den Heimweg macht. Ich kam in diesen Genuss gerade mal ein Jahr, nachdem ihr geliebter Fabio gestorben war.

Maria Cassi kommt raus, und alle jubeln, ich auch. Sie trägt roten Lippenstift, eine weiße Bluse und einen Frack. Am Klavier sitzt ein Mann, ebenfalls im Frack, am

Mit Maria Cassi blättere ich in einem Buch ihres verstorbenen Mannes.

Illustre Gesellschaft 2017: König Charles III., damals noch Prince of Wales, Carlo Petrini, der Gründer von Slow Food, Maria Cassi, Fabio Picchi, Queen Camilla, damals noch Herzogin von Cornwall.

Kontrabass daneben steht ein weiterer Musiker. Und noch ehe sie überhaupt zu reden beginnt, hat Cassi die Zuschauer schon in ihrem Bann. Mit ihrem einzigartigen Blick und ihrem riesigen, roten Lächeln.

Es ein grandioser Abend! Sie singt wie Liza Minelli und kann gucken wie Louis de Funès. Außerdem beherrscht sie so ziemlich jeden Dialekt Italiens und parodiert mit Leichtigkeit diverse Nationalitäten. Man lacht Tränen. Auch wenn Sie womöglich nicht jeden Satz ihres mit Wortspielen vollgepackten zweistündigen Programms verstehen, die Präsenz dieser Frau überwältigt. Sie lebt für die Bühne – und zwar nicht nur in Italien. Auch in den USA, Frankreich und Deutschland war sie schon auf Tour. »Maria Cassi fait rire tout le monde« – Maria Cassi bringt die ganze Welt zum Lachen, schrieb die Zeitung Le Monde. Sogar Charles III. hat sich (damals noch als Prinz) schon hier im Teatro del Sale über sie kaputtgelacht. Denn immer wieder spielt sie auch Programme, sagt sie, für die man gar kein Italienisch verstehen muss. Humor ist international.

Wenn Sie also einen authentischen italienischen Abend ohne Schnickschnack, aber mit viel Emotion, exzellentem Essen und einer grandiosen Bühnenshow als zweites Dessert erleben möchten, dann ist das Teatro del Sale mein Geheimtipp. Diese starke Frau mit dem großen Lächeln wird Sie zum Lachen bringen, ob Sie Italienisch verstehen oder nicht.

Winterliche Liebeserklärung

Die Piazza Santa Croce ist übrigens auch eine bezaubernde Kulisse in der Vorweihnachtszeit. Von Ende November bis kurz vor Weihnachten findet auf dem Platz ein großer Weihnachtsmarkt statt. Und – er heißt auch so: Il Weihnachtsmarkt di Santa Croce. Die Buden scheinen ganz bewusst deutschen Weihnachtsmärkten nachempfunden zu sein. Es duftet nach Glühwein, Bratwurst und Brezeln, und als Nachspeise warten französische und niederländische Stände mit Crêpes und Waffeln oder österreichische mit süßen Mehlspeisen auf. Es ist wie eine kleine kulinarische Europareise. Auch was man sonst in den Holzhäuschen so kaufen kann, erinnert an die Vorweihnachtszeit weiter nördlich: Glaskugeln, Krippenfiguren und allerlei buntes Holzspielzeug bringen auf charmante Weise ein wenig deutsche Gemütlichkeit in die Toskana.

Die beeindruckende Fassade von Santa Croce als pompöse Kulisse für kuschelige Gässchen mit Bratwurstbuden – das ist wie eine kleine jährliche Liebeserklärung an Europa und im Besonderen an Deutschland. *Che bello!*

Buden und Lichterzauber auf dem Weihnachtsmarkt di Santa Croce

Was?

Calcio Storico Fiorentino, ein historisches Ballspiel, das nur in Florenz gespielt wird. Mannschaften der vier Stadtviertel Santa Croce, Santa Maria Novella, Santo Spirito und San Giovanni treten in jeweils 50 Minuten dauernden Partien gegeneinander an. Vor den Spielen findet jeweils ein festlicher Umzug in historischen Kostümen statt, am Abend nach dem Finale gibt es ein Feuerwerk.

Wo und wann?

Das Finale findet jedes Jahr am 24. Juni auf der Piazza Santa Croce statt, die Vorrundenspiele 1–2 Wochen vorher. Tickets (zwischen 29 und 80 €) können meist ab Mai an Vorverkaufsstellen in der Stadt erworben werden.
• www.calciostoricofiorentino.it

Was?

Grabmäler berühmter Persönlichkeiten in der Kirche Santa Croce, u.a. von Michelangelo, Galilei, Dante und Machiavelli. Außerdem beherbergt die Kirche Meisterwerke der wichtigsten Maler des 14. Jahrhunderts wie Giottos Freskenzyklen in der Bardi- und der Peruzzi-Kapelle. Im Museo dell'Opera di Santa Croce hängt Cimabues Meisterwerk aus dem 13. Jahrhundert, das Kruzifix, das bei der Überschwemmung 1966 stark beschädigt wurde.

Wo und wann?

Museo dell'Opera di Santa Croce
• Piazza Santa Croce
  Mo–Sa 9.30–17.30, So 12.30 bis 17.45 Uhr | Eintritt 8 €

Was und wo?

Teatro del Sale
Entertainment mit mehrgängigem Menü vorher. Die für den Eintritt erforderliche Jahresmitgliedschaft (15 Euro) kann beim Ticketkauf unbürokratisch miterworben werden.
• Via dei Macci, 111r
  Tel. +39-337-158 04 52 oder
  +39-055-200 14 92
  www.teatrodelsale.com

Mercato di Sant'Ambrogio
• Piazza Lorenzo Ghiberti
  mercatosantambrogio.it
  Tgl. 7–14 Uhr

Il Weihnachtsmarkt di Santa Croce
Markt in Anlehnung an deutsche Weihnachtstraditionen.
• Piazza Santa Croce
  Ende Nov. bis kurz vor Weihnachten

TIPPS

NOCH MEHR INTERESSANTES RUND UM SANTA CROCE

Casa Buonarroti

Ein Michelangelo gewidmetes Museum im ehemaligen Palazzo der Familie Buonarroti.

- Via Ghibellina 70
  Tel. +39-055-24 17 52
  www.casabuonarroti.it
  Mi–Mo 10–16.30 Uhr | 8 Euro

Teatro Verdi

Das größte Theater »all'italiana« der Toskana bietet ein gemischtes Programm aus Musik, Schauspiel, Comedy und Ballett.

- Via Ghibellina 99
  Tel. +39-055-21 23 20
  www.teatroverdifirenze.it

Gelateria Vivoli

Älteste Gelateria der Stadt, Familienbetrieb seit 1929.

- Via Isola delle Stinche 7r
  Tel. +39-055-29 23 34 | www.vivoli.it

Le Murate

Ehemals Kloster und Gefängnis, jetzt hippe Location zum Ausgehen oder Zeitunglesen in coolem Ambiente, die auf ein Projekt des Architekten Renzo Piano zurückgeht.

- Piazza delle Murate
  Tel. +39-333-186 35 21
  www.lemurate.it | Mo–Fr 10.30–2, Sa 15–3, So 15–1 Uhr

Mercatino delle Pulci di Firenze

Flohmarkt für alles Mögliche: Antiquitäten, Geschirr, Schmuck Bücher, Schallplatten etc.

- Largo Pietro Annigoni
  Tgl. 9–19.30 Uhr

Das »Literaturcafé« Le Murate

Spaghetti mit frischen Trüffeln aus dem Florentiner Umland – ein simpler, aber hochwertiger Genuss!

5

Mangiar bene a Firenze

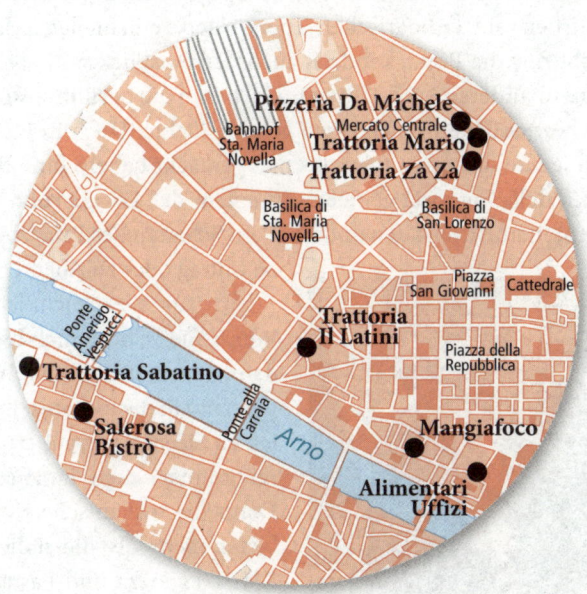

Trüffelsuche in der Natur und Trüffelgerichte in der Stadt, exzellente Restaurants mit Familientradition und die wahrscheinlich beste Pizza in Florenz.

Slow Food – Genuss ist Trumpf

Die schnelle Pizza oder Ciabatta zwischendurch kann man als Tourist an nahezu jeder Ecke kaufen. Sie liegen in allen Varianten und mit sämtlichen Belägen in den Vitrinen der Lokale. Im Vorbeigehen schnell zugreifen, Serviette drum, Flasche Wasser dazu.

Auch Pizzerien und Touristenrestaurants rund um die Wahrzeichen der Stadt gibt es zuhauf, sie sind jeden Mittag und jeden Abend gut besucht. Die meisten dieser Restaurants sind völlig in Ordnung, selten hatte ich den Eindruck, auf kulinarischen Touri-Nepp reinzufallen. Man zahlt zwar nicht nur die Pizza, sondern auch den Ausblick mit, aber das ist ja legitim. In anderen Weltstädten meidet man die berühmtesten Plätze oft ganz bewusst, wenn man essen gehen möchte. Doch in Florenz, so finde ich jedenfalls, muss man das mal gemacht haben: Eine Pizza auf der Piazza della Signoria genießen in einem der Lokale rund um den Platz. Denn natürlich ist es wunderbar, im Schatten des Palazzo Vecchio zu Mittag oder zu Abend zu essen.

Auf Trüffelsuche mit Simona Todeschini und ihren Hunden Birba und Asia

Nur: Tun Sie es nicht jeden Tag. Wenn Sie schon mal hier sind, dann tauchen Sie bitte auch mal tiefer ein in die toskanische Küche, lassen Sie sich verzaubern von ihrer kulinarischen Einzigartigkeit. Denn die toskanische Kochkunst bietet mehr als die italienischen Klassiker Pizza und Pasta. Neben berühmten Gerichten wie Crostini und Panzanella hat sich in den letzten Jahren in Florenz generell eine Bewegung etabliert, die bei Fleisch, Gemüse und Fisch hochwertige, regionale Produkte mit unverfälschtem Geschmack verwendet. Sie stellt den sinnlichen Genuss lokaler Erzeugnisse in den Vordergrund, für den man sich Zeit nimmt. Und deswegen heißt diese Bewegung Slow Food.

Auf zur Trüffeljagd!

Die gebürtige Florentinerin Simona Todeschini muss beim Begriff Slow Food kurz schmunzeln. »Es ist eine wichtige Bewegung. Aber im Endeffekt auch nur ein neuer Begriff für etwas Klassisches – nämlich die traditionelle italienische Küche!« Simona spricht gut Deutsch, und das hilft ihr bei ihrem Herzensprojekt: Touristen die toskanische Küche und das Landleben rund um Florenz näherzubringen. In Exkursionen und Reitausflügen durchs Florentiner Hinterland schafft es die Pferdeliebhaberin, ihre Gäste zu begeistern, den Horizont der Florenzreisenden um Einblicke ins Umland zu erweitern und sie »nebenbei« auch noch die Nähe der Tiere erleben zu lassen. Nach den Ausritten organisiert sie Weinproben und unprätentiöse Essensempfänge in Burgen und Palästen auf dem Land.

Besonders hervorzuheben sind die Ausflüge, die Simona zur Trüf-

SLOW FOOD

Gutes Essen schätzte der Autor und Aktivist Carlo Petrini seit jeher, und der weltweite Siegeszug von Fast Food war ihm ein Dorn im Auge. Schließlich gab die Eröffnung einer McDonalds-Filiale in Rom 1986 den Ausschlag zur Gründung von Slow Food, das, ausgehend von Italien, zu einer internationalen Bewegung wurde. Dabei geht es nicht nur um »langsames Essen« (wie der Name sagt), sondern vor allem um sinnlichen Genuss – und dafür muss man sich Zeit nehmen. Wichtig ist aber auch eine umweltfreundliche und sozial verantwortliche Lebensmittelerzeugung, die die Natur achtet und das Tierwohl im Auge behält. Es geht um ein achtsames Essverhalten und eine bewusstere Lebensweise, um die Freude und den gesellschaftlichen Zusammenhalt, den gemeinsame Mahlzeiten bieten. »Gut, sauber und fair« soll das Essen sein, formulierte Petrini das Motto. Slow Food ist heute mit insgesamt etwa 80 000 Mitgliedern in 150 Ländern vertreten, unterteilt in Ortsgruppen, den sogenannten Convivien. Passend zur entschleunigten Haltung wählte Slow Food eine Weinbergschnecke als Logo.

Der Höhepunkt der Slow-Food-Tour mit Simona Todeschini ist die gemeinsame Mahlzeit in der Natur.

felsuche organisiert. (Auf Italienisch heißt das übrigens nicht Trüffel-SUCHE, sondern *caccia al tartufo,* also Suche im Sinne von Trüffel-JAGD – fast so, als könne einem der kostbare Pilz davonlaufen.) Die Toskana bietet verschiedene Trüffeltypen: Im Herbst gibt es den weißen Trüffel, im Winter den schwarzen, im Frühling den Marzuolo-Trüffel und im Sommer den Scorzone.

Mit wenigen Ausnahmen werden rund ums Jahr eineinhalbstündige Touren für kleine Gruppen organisiert. Und anschließend wird der frische Trüffel gemeinsam verspeist, meist mitten in der Natur, mit einem Baumstamm als Tisch und dem Hochgefühl eines gesellschaftlichen und sinnlichen Erlebnisses.

Trüffel in der Stadt

Wer den edlen Pilz lieber konserviert mit ins Heimatland nehmen möchte, wird in den zahlreichen Botteghe del Tartufo in der Stadt fündig. Dort werden auch Öle mit Trüffelaromen angeboten.

In Restaurants wie dem **Mangiafoco** in der Altstadt nahe dem Ponte Vecchio kann man beides: sowohl Trüffelprodukte kaufen als auch direkt frische Trüffelgerichte verspeisen. Das kleine und gemütliche Lokal im schmalen Borgo S.S. Apostoli ist unter Florentinern bekannt für seine hochwertigen lokalen Produkte. Zwei, drei liebevoll gedeckte Tische stehen immer auch draußen, egal wie kalt es im Herbst oder Winter ist. Die gelben Wände im Inneren heißen einen wärmstens willkommen, genau wie die Besitzer Elisa und Francesco.

Leidenschaftlich erzählen sie mir von ihren Trüffelsuchen – die seien schon anders als die organisierten Ausflüge für Touristen. Manchmal finde man stundenlang gar nichts, das könne ziemlich ernüchternd sein. Seine Seltenheit macht den Pilz so kostbar – auf der Karte sind kaum Hauptgerichte unter 35 Euro zu finden.

In dem kleinen Restaurant begrüßen mich zahlreiche Regale voll mit regionalen Köstlichkeiten: Öle, Marmeladen, Feigensenf, Pasta und – unzählige Weine. Alle aus der Region. Außerdem liegen riesige Käseräder in der Vitrine neben der Kasse. Dennoch versteht sich das Mangiafoco hauptsächlich als Restaurant. Klein, aber fein. Die kleinen Holztische und die Stühle mit Bastsitzfläche und Sitzkissen unterstreichen den rustikal-edlen Charakter dieses Ortes.

Elisa zeigt mir im Mangiafoco eine Kostbarkeit: Dieses kleine Stückchen schwarzer Trüffel ist 60–70 Euro wert!

Ähnlich vollbepackt mit frischer Ware wie Käse, Wurst und Oliven ist auch die Vitrine im **Alimentari Uffizi** in der Via Lambertesca ganz in der Nähe der Uffizien. Auch dieser kleine Laden ist eine Mischung aus Metzger, Mini-Supermarkt und Lokal zum Platznehmen – aber Vorsicht, es gibt hier insgesamt nur drei Tische. Nettes Detail: Ob und wie gut es Ihnen geschmeckt hat, können Sie direkt nach dem Essen verewigen – die unzähligen Post-its an den Wänden sind kurze Rezensionen und gleichzeitig ein bunter Hingucker.

Fleisch hängt von der Decke

Dass man für all diese regionalen Köstlichkeiten vor einigen Jahren einen eigenen Begriff einführte, zeigt vielleicht, wie groß in Italien die Notwendigkeit ist, die eigenen kulinarischen Traditionen zu bewahren. Der Terminus Slow Food ist seit Jahren ein gängiger Begriff unter Gastronomen Italiens, und wo auch immer ich ihn erwähne, begegnet man ihm mit Respekt und Hochachtung. Gerade bei den Fleischgerichten wird Wert auf Qualität gelegt und darauf, dass man genau weiß, wo die Ware herkommt.

Beim Spaziergang durch die Stadt fällt immer wieder auf, wie offensiv die Florentiner mit Fleisch umgehen. In den Fußgängerzonen werden vor den Läden in gekühlten Vitrinen appetitlich arrangierte Koteletts stolz zur Schau gestellt. In vielen Restaurants baumeln rie-

Das Fleisch, das man später verspeist, hängt in der Trattoria Il Latini von der Decke.

sige luftgetrocknete Schinken und unzählige Würste von der Decke herab. In der renommierten **Trattoria Il Latini** beispielsweise sitzt man unter den Schenkeln, deren Fleisch man später verzehrt.

Einige Restaurants sind in Florenz in den letzten Jahren genau aus diesem Bewusstsein heraus neu entstanden, andere gibt es schon seit Jahrzehnten – insbesondere Familienunternehmen bieten diese traditionelle, regionale, ja »unverfälschte« Küche an. Sie genießen im Zuge der Slow-Food-Bewegung besonderes Ansehen.

Slow Food seit sieben Jahrzehnten

Nehmen wir die kleine **Trattoria Mario** am Mercato Centrale: Wie frisch die regionalen Produkte je-

Stolz wird das Fleisch in Vitrinen vor den Restaurants präsentiert.

den Tag sind, zeigt zum einen die Tatsache, dass es (nach eigenen Angaben) hier noch nie eine Gefriertruhe gab. Zum anderen die Tafel, auf der die Gerichte des Tages stehen: Sobald es eine Zutat nicht mehr gibt, wird das entsprechende Gericht auf der Liste durchgestrichen. Gibt's erst morgen wieder. Basta.

Ähnlich pragmatisch die Einrichtung des Lokals: Man sitzt auf Holzhockern an einfachen Holztischen. Wer auf Komfort und Luxus Wert legt, muss kurz die Zähne zusammenbeißen, denn der Luxus kommt erst mit dem Essen selbst. Dann vergisst man den harten Holzhocker. Oder sagen wir, man nimmt ihn gerne in Kauf angesichts der toskanischen Kochkunst. Sowohl die Rezepte als auch das Know-how werden hier von Generation zu Generation weitergegeben. Vielleicht die beste Ausbildung.

Mit Romeo (links) und Fabio (rechts) in der Trattoria Mario

Sogar morgens um halb acht ist hier schon einiges los – nur noch viereinhalb Stunden, dann muss alles fertig sein. Ein junger Mann, Francesco, rührt schon die Suppe, sein Onkel Fabio bereitet die Kasse vor. Sein lilafarbener AC-Florenz-Pulli weist ihn ganz offensichtlich als überzeugten Fan des hiesigen Fußballclubs aus. Man wartet auf den Metzger und den Bäcker, die jeden Morgen vom Zentralmarkt rüberkommen und frischeste Ware anliefern. Ein fester Ablauf jeden Morgen.

An den Wänden des Lokals hängen zahlreiche Bilder und Erinnerungen – eine Schwarz-Weiß-Fotografie zeigt Nonna und Nonno, also Oma und Opa. Romeo und Amelia Colzi haben die Trattoria 1953 gegründet und ihr damals bereits den Namen des Sohnes gegeben – Mario. Auch unter dessen Führung war das Lokal sehr erfolgreich, doch leider fand seine Laufbahn ein abruptes Ende: 1980 starb er völlig unerwartet. Seine Söhne Fabio und Romeo waren damals gerade mal 11 und 21 Jahre alt, Fabio spielte leidenschaftlich Fußball, der ältere Romeo wollte eigentlich Elektrotechniker werden.

Fabios Augen glänzen, und er blinzelt kurz, als er mir an diesem Morgen von jenem tragischen Oktobertag erzählt. Um kurz darauf wieder optimistisch zu strahlen: »Für uns beide war damals sofort klar: Das Familienunternehmen muss weitergeführt werden.« Und das tun die

Brüder bis heute mit Leidenschaft und großer Energie. Sie gewinnen Restaurant-Wettbewerbe, sind mittlerweile weit über die Grenzen der Stadt hinaus bekannt. »Seit Jahren kommen auch Touristen hierher. Gerade Amerikaner lieben das Essen. Die Tatsache, dass hier jeder gleich behandelt wird, egal ob Tourist oder Einheimischer, dass es für alle das gleiche Essen gibt, für alle die gleichen Hocker, das scheinen die Gäste zu mögen«, schmunzelt Fabio. Sogar die damalige Königin Beatrix der Niederlande ließ es sich 2012 in der Trattoria schmecken. Auf einem Erinnerungsfoto steht sie fröhlich inmitten der ganzen Familie Colzi.

Frische Lieferung

In dem Moment kommt der Metzger und bringt Leber, Rinderfilet, Koteletts, alles frisch vom Markt nebenan. »Das wird jetzt direkt verarbeitet – jedes Gericht wird es heute ungefähr 30-mal geben«, verkündet Francesco stolz und trägt die Kiste in die Küche, in der es in gut zehn Töpfen und Pfannen schon vor sich hinköchelt. So herrscht bereits am frühen Morgen voller Betrieb. Ab 12 Uhr kommen die Gäste. Jeden Tag.

Wer sich einen Platz gesichert hat – es empfiehlt sich zu reservieren –, hat mit ein paar Italienischkenntnissen Vorteile, denn meist wird bei der Bestellung das täglich wechselnde Speisenangebot schnell mündlich vorgetragen. Man bekommt nicht etwa eine Speisekarte ausgehändigt wie in den eingangs beschriebenen Pizzerien auf der Piazza della Signoria, wo jedes Gericht in den Klarsichthüllen meist mehrsprachig beschrieben und oft auch noch als Foto zu sehen ist.

In der Trattoria Mario muss man gut zuhören oder den Emp-

Ein zufriedener Gast: Die damalige Königin Beatrix der Niederlande mit Romeo Colzi und seiner Familie.

fehlungen des Hauses vertrauen – oder einfach das Auge entscheiden lassen. Denn die zahlreichen blubbernden Kochtöpfe und brutzelnden Pfannen sowie die Mitarbeiter in der Küche sind durch die Glasscheibe jederzeit aus dem Lokal zu sehen. Und zu hören. Sie sind ein eingespieltes Team, die Familien der beiden Colzi-Brüder. Wenn man sie voller Freude durch ihr Lokal wuseln sieht, glaubt man fast zu spüren, wie Papa Mario von oben stolz zuschaut.

Kulinarische Highlights am Mercato Centrale

Schon rein optisch steht die Trattoria im Kontrast zur benachbarten **Trattoria Zà Zà**. Das Ambiente dort ist schicker als die Holzhocker von nebenan, doch auch dort kann man gutes Slow Food genießen. Selbst an eiskalten Winterabenden bildet sich eine lange Schlange vor dem Eingang, auch wenn es hier weniger familiär zugeht als bei Marios Söhnen.

   Die gegenüberliegende **Pizzeria Da Michele** komplettiert das kulinarische Dreigestirn an der Piazza di San Lorenzo, das ich hier empfehlen möchte. Die Pizzen ragen über den Tellerrand hinaus und sind mit frischesten Zutaten belegt. Wobei – so viele Zutaten gibt es gar nicht. Am beliebtesten sind hier schlichte Pizzen mit wenig Belag: Margherita mit Tomaten, Mozzarella und Basilikum. Tutto qua. Oder Marinara mit zusätzlich Knoblauchscheiben. Eine Spezialität ist die Pizza Fritta: eine Calzone, also eine zusammengeklappte Pizza, die nach dem Backen noch frittiert wird. Mmmh … ein mächtiger Genuss. Zum Glück geht man in Florenz viel zu Fuß und verbrennt dabei die Kalorien wieder.

   Seit 1870 gibt es die berühmte Pizza der Familie Condurro aus Neapel. In Neapel ist Da Michele bereits seit Jahrzehnten eine Institution, die Filiale hier in Florenz gibt es seit 2018. Die Riesenpizzen

Riesig in jeder Hinsicht sind die Pizzen bei Michele.

locken regelmäßig Touristen und auch viele Florentiner an. Für manche Kenner ist es die beste Pizza der Stadt, wobei an einem Ort wie Florenz ein solcher Superlativ freilich gewagt ist. Ich selbst neige dazu, den Michele-Fans beizupflichten – diese Pizza rangiert auf jeden Fall weit oben.

Das fand übrigens auch Julia Roberts. Die Schauspielerin saß bei Michele in Neapel und genoss die Pizza Margherita in der berühmten Szene des Films »Eat Pray Love«.

Meeresfrüchte als Augenschmaus im Salerosa Bistrò

Slow Food in Oltrarno

Auch auf der anderen Seite des Flusses Arno im Stadtteil San Frediano gibt es unzählige Restaurants, die nicht unerwähnt bleiben dürfen. Die Authentizität dieses Quartiers lockt Einheimische aus allen anderen Vierteln an, die Küche ist unschlagbar. Die **Trattoria Sabatino** in der Nähe der Porta San Frediano ist seit Jahrzehnten ein liebenswerter Familienbetrieb mit täglich wechselndem Menü. Traditionelle Gerichte der florentinischen Küche – alles hausgemacht.

Und nur wenige Meter weiter in derselben Straße ein völlig anderer Ort – weniger rustikal und auf Fisch spezialisiert: das **Salerosa Bistrò.** Der Inhaber, ein fleißiger Mittzwanziger, setzt mit seinem Team bei den Fischgerichten und Meeresfrüchten auf frischeste Ware und kreiert kunstvolle Arrangements. Gerne werden Meeresfrüchte in Cocktailgläsern präsentiert – das Auge isst schließlich mit. Generell ist ein junger, frischer Geist zu spüren – schnelles WLAN, die Einrichtung mit viel dunklem Holz spartanisch elegant, und beim jungen Servicepersonal spürt man das ständige Bemühen, es gut, vielleicht besser als anderswo zu machen. Ein wunderbares Lokal und noch ein Geheimtipp.

Was und wo?

Kulinarische Erlebnisse im Geist des Slow Food. Natürlich können die hier vorgestellten Restaurants nur eine kleine Auswahl sein. Am besten, Sie machen sich Ihr eigenes Bild während Ihres Besuchs in Florenz. Probieren Sie Verschiedenes aus, lassen Sie das Auge und das Herz mitentscheiden, vertrauen Sie den Tipps der Einheimischen und wagen Sie sich auf der Suche nach frischen regionalen Köstlichkeiten auch mal in versteckte Gassen.

Florence Country Life – Simona Todeschini

Exklusive Ausflüge ins Chianti-Gebiet rund um Florenz, Trüffel-suche, Kochkurse und mehr.
- Buchung: www.florencecountrylife. com | Tel. (mobil) +39-349-180 58 95

Mangiafoco
- Borgo S.S. Apostoli 24/26r
  Tel. +39-055-265 81 70 oder
  +39-335-152 30 34
  www.mangiafoco.com
  Do–Di 11–24 Uhr

Alimentari Uffizi
- Via Lambertesca 10r
  Facebook: Alimentari Uffizi
  Tel. +39-055-28 10 89 | Tgl. 8–19 Uhr

Trattoria Il Latini
- Via dei Palchetti 6r
  Tel. +39-055-21 09 16
  latinifirenze.com | Di–So 19.30 bis
  22.30, Sa/So auch 12.30–14.30 Uhr

Trattoria Mario
- Via Rosina 2r | Tel. +39-055-21 85 50
  www.trattoriamario.com
  Mo–Sa 12.00–15.30, Do/Fr auch
  19.30–23 Uhr

Trattoria Zà Zà
- Piazza del Mercato Centrale 26r
  Tel. +39-055-21 54 11
  www.trattoriazaza.it | Tgl. 11–23 Uhr

Pizzeria Da Michele
- Piazza del Mercato Centrale 22r
  Tel. +39-055-269 61 73
  www.pizzeriadamichelefirenze.it
  Tgl. 12–16, 18–23.30 Uhr

Trattoria Sabatino
- Via Pisana 2r (Porta S. Frediano)
  Tel. +39-055-22 59 55
  www.trattoriasabatino.it
  Mo–Fr 12–14.30, 19.15–22 Uhr

Salerosa Bistrò
- Borgo San Frediano 90r
  Tel. +39-338-431 97 19
  salerosa-bistrot.eatbu.com
  Do–Di 19.30–22.30 Uhr

TIPPS

TYPISCH FLORENTINISCHE SPEZIALITÄTEN

Ribollita

Die »wieder Aufgekochte« ist eine Gemüsesuppe mit unzähligen Varianten – je nachdem, welches Gemüse man verwendet. Immer dabei: weiße Bohnen und Kohl oder Wirsing. Das Gemüse wird in Öl gedünstet, dann mit Brühe aufgegossen und zu Ende gegart. Sehr fein, sehr gesund und typisch toskanisch!

Lampredotto

Sehr typisch für Florenz, gibt's auch auf die Hand als Brötchenbelag. Aber Geschmackssache! Es handelt sich um den Labmagen des Kalbs, der in einer Gemüsebrühe gekocht und dann kleingeschnitten wird.

Peposo alla Fornacina

Mit Pfeffer in Rotwein geschmortes Rindfleisch, das durch die lange Schmorzeit butterweich wird. Angeblich geht es zurück auf die Ziegelbrenner des Kuppelbaus unter Brunelleschi, die das Fleisch in Tontöpfen über Nacht schmorten.

LE BUCHETTE DEL VINO

Zur Blütezeit der Stadt, in der Renaissance, gab es diese »Durchreichlöcher« in den Hauswänden der Palazzi – Gassenschänken, die wie Enotheken funktionierten: Man konnte anklopfen und von der Straße aus Wein bestellen. Die Weinbauern, die in Florenz ansässig waren, verkauften hier ihre im Umland produzierte Ware. Achten Sie mal darauf: Es gibt unzählige solcher Weinlöcher in Florenz. (Wieder) aktiv ist das Weinloch beim gemütlichen Restaurant **Babae** in Oltrarno, wo es übrigens den ganzen Tag über exzellentes Essen gibt, auch vegetarisches. Fantastisch finde ich die Stimmung vor dem Lokal: Die Gäste bestellen an dem Weinloch ihr Getränk und setzen sich dann entweder in oder vor das Restaurant, oder sie bleiben einfach mit ihrem Weinglas auf der Straße stehen. Hier ist immer was los, zu Stoßzeiten kommt die Bedienung des Lokals kaum hinterher, die auf der anderen (inneren) Seite des Loches sitzt und nachschenkt. Auch wenn Sie keinen Wein trinken – es ist sehr unterhaltsam, dieses charmante Treiben zu beobachten.

• Via Santo Spirito 21r

  www.babaefirenze.it

Hand in Hand durch die toskanische Hauptstadt. Beim Anblick der gewaltigen Kathedrale Santa Maria del Fiore bekommen auch die Kleinen große Augen.

6

Firenze per bambini

Auf Entdeckungsreise zu Leonardos Maschinen, zu einem weiten Ausblick nach Hunderten Stufen, zum Schöpfer von Pinocchio und zum ersten Waisenhaus Europas.

Eine Stadt für alle

Ein braunhaariger, aufgeweckter Junge schippert über den Fluss; in seinem selbst gebauten Paddelboot mit Schaufelrädern fährt er Richtung Ponte Vecchio. An Bord sind auch sein Freund Lollo und seine Freundin Lisa. Die drei kommen in Florenz an und staunen über die hohen Türme, die vielen verwinkelten Gassen und die beeindruckenden Gebäude, die sie hier sehen. Wo sie bisher gelebt haben, war alles viel kleiner und ländlicher. Sie kommen aus einem hübschen toskanischen Dorf in der Nähe – es heißt Vinci.

So startet die berühmte Comicserie »Leo da Vinci«, die die Kindheit und die frühen Erfindungen des großen Renaissancekünstlers beleuchtet und kindgerecht erzählt. Auch in Florenz selbst kann Leonardo da Vinci aus dem 15./16. Jahrhundert Ausgangspunkt für den Forschergeist heutiger Kinder sein. Eine Bootsfahrt über den Arno ist auch heute noch möglich – wenn auch weder in Leonardos Gesellschaft noch in seinem Schaufelradboot.

Pizza und Eis – schon mal die halbe Miete

Zunächst überlegen Sie womöglich: Eine so große, volle Stadt – ist das nicht viel zu anstrengend für die Kinder? Und damit letztendlich für mich und uns? Ist es nicht einfacher und für die ganze Familie entspannter, Urlaub am Strand zu machen? Mag sein.

Dennoch möchte ich auf den nächsten Seiten meine Erfahrungen mit Ihnen teilen, die eine kunterbunte, fröhliche Sicht auf die Stadt aus Kinderaugen zeigen. Und auch wenn Sie keine Kinder haben, kann Ihnen dieses Kapitel eine neue Perspektive auf die Stadt eröffnen.

Dass Florenz Kindern gefällt, liegt schon mal in der Natur der Dinge: In Italien gibt es prinzipiell viel Pizza und viel Eis. Damit sind schon mal viele Kinder zu locken. Und dazwischen gibt es noch viele andere süße Hingucker. Allein der Süßwarenladen Candy Lisa ist im Florentiner Zentrum mehrfach vertreten – erkennbar am lebensgroßen Superman, Spiderman und anderen Comic-Helden, die einen vom Geschäft heraus anlachen. Vorsicht, es ist leider schwer, standhaft zu bleiben, wenn die Kinder von Superman persönlich reingelockt werden.

Aber unterschätzen Sie neben all dem Süßkram nicht das Interesse der Kinder an Historie, Architektur und Technik.

Auf den Spuren des Universalgenies

Zunächst zu Leonardos oben erwähntem Schaufelradboot – ein solches Boot taucht schon im ersten Jahrhundert nach Christus in Aufzeichnungen von Vitruv auf, einem von Leonardo verehrten Architekten. Dennoch wird die Idee meist Leonardo zugeschrieben, weil er es in dessen antiken Aufzeichnungen entdeckt und weitergedacht hat. Man kann ein Modell davon auch in Florenz ausprobieren. Und zwar im interaktiven Leonardo-Museum in der Via dei Servi, ein wunderbarer Ort für technisch interessierte Kinder, die dort selber anpacken können. Leonardos Flugmaschinen, erste Roboter und Brückenkonstruktionen sind hier ausgestellt und können per Hand in Betrieb gesetzt werden. Viele Mechanismen des Universalgenies Leonardo lassen sich so im wahrsten Sinne des Wortes begreifen und erleben.

IM VERKEHR GEHT'S RUND

Am besten sollte man die Kinder schon vorab für den italienischen Verkehr sensibilieren. Zebrastreifen und rote Fußgängerampeln haben in Italien nicht den gleichen Stellenwert wie in Deutschland, beides ist hier eher ein, sagen wir, Angebot.

• Italienische Fußgänger bleiben in der Regel stehen, solange die Straße befahren ist, danach wird losgelaufen, egal welche Farbe die Fußgängerampel anzeigt.

• Auch Zebrastreifen sind optional: Vorsicht, die Autos halten nicht automatisch an, nur weil Fußgänger über die Straße wollen.

• Außerdem fahren hier viel mehr Vespas und andere Motorroller als in Deutschland, und sie biegen meist sehr flott und selbstbewusst um die Ecke. Dazu kommt, dass man sie zuweilen kaum hört, weil viele davon mittlerweile elektrisch unterwegs sind. Das gilt übrigens auch für Autos, die vereinzelt plötzlich in der Fußgängerzone auftauchen. Also: Augen auf!

Leonardo da Vincis Schaufelradboot in Bewegung zu bringen – das fasziniert nicht nur kleine Technikfreaks.

Direkt zu Beginn der Ausstellung begrüßt uns eine Art Ritterrüstung. Für Kinder natürlich gleich mal ein Hingucker. In Wirklichkeit ist es aber keine Ritterrüstung, sondern ein von Leonardo entwickeltes mechanisches Modell, das die Anatomie des menschlichen Körpers und das Zusammenspiel von Muskeln, Sehnen und Gelenken veranschaulichen soll. Beides hat Leonardo bekanntermaßen genau studiert. Dieses System aus Seilzügen und Seilrollen sorgt für die Bewegung der Rüstung – sehen wir hier den ersten Roboter?

Daneben stehen ein großes Schwungrad, ein Fluggerät, dessen Flügel die Kinder mit einem Hebel in Bewegung setzen können, sowie das berühmte Schaufelradboot. Auch dessen Mechanismus wird hier auf interaktive Art und Weise verdeutlicht. Man kann zig andere Maschinen und Geräte ausprobieren und an einem eigenen Tisch Leonardos selbsttragende Brückenkonstruktionen nachbauen. Die Bausteine begeistern aber nicht nur Kinder. Ich beobachte einen Italiener, dem fast die Haare zu Berge stehen, weil seine kleine selbst gebaute Brücke immer wieder zusammenstürzt – trotz der an der Wand hängenden Schrifttafel mit Leonardos Anleitungen. Seine beiden kleinen Söhne lachen bei jedem Zusammenbruch herzlicher. In einem eigenen Raum stehen dann Leonardos berühmteste Gemälde wie die Mona Lisa und das letzte Abendmahl im Mittelpunkt, anhand animierter Bildschirme und Infografiken werden die Besonderheiten der Perspektive in Leonardos Malerei deutlich.

In einer anderen Ecke steht ein großer Holzkasten, der von außen aussieht wie eine überdimensionale Umkleidekabine. Nacheinander treten durch die Schwingtür einzelne Menschen ein und kommen nach ein paar Minuten begeistert wieder heraus. Neugierig warte ich, bis der Raum leer ist, und trete auch ein. Auf dem Holzboden in der Mitte der Kabine gibt es ein paar Zentimeter, die bereits völlig abgenutzt sind. Ich stelle mich auf genau diese Stelle. Rundherum sind Spiegel. Plötzlich sehe ich mich da mehrfach stehen – und zwar gleichzeitig von vorne, von beiden Seiten und von hinten. Ohne mich zu bewegen. Ich sehe mein Gesicht und zur gleichen Zeit meinen Hinterkopf. Hier drinnen werden Leonardos Untersuchungen und Experimente zu Optik und Anatomie des Auges verdeutlicht. Das achteckige Spiegelkabinett zeigt das Prinzip der Mehrfachreflexion: Ein Gegenstand, der in der Mitte des kleinen Raums platziert wird, dort wo der Holzboden schon so stark beansprucht ist, kann von allen Seiten betrachtet werden. Neue Perspektiven mitten in Florenz.

Hundertfach vervielfältigt im Spiegelkabinett

Als ich das Spiegelkabinett verlasse, steht der italienische Familienvater stolz vor seiner kleinen Da-Vinci-Brücke: Endlich hält sie, die Söhne bewundern ihn.

Einmal nach oben bitte ... aber flott

»1, 2, 3, 4, 5, 6, 7, 8, 9, 10, 11 ...« – die ersten Stufen gehen leicht, Vorfreude und Neugierde sind groß. Dunkel ist es hier drin und kühl. »Verzählt euch nicht«, rufe ich noch, aber da sind die Kinder schon um die erste Kurve gebogen und außer Sicht. Die Pullis um die Hüften gebunden und voller Tatendrang wollen sie jetzt tatsächlich bis 414 zählen. Also, ICH weiß, dass es 414 Stufen sein werden. Sie wissen das nicht und zählen gewissenhaft weiter – 38, 39 höre ich sie voller Inbrunst von Weitem. Schon mehrmals bin ich in den letzten Jahrzehnten auf den Florentiner Glockenturm, den Campanile, hochgestiegen, aber noch nie hatte ich so viel Spaß und nahm so viele bildliche Erinnerungen mit wie diesmal mit unseren Kindern. Auf der ersten Plattform angekommen – sie sind mit dem Zählen jetzt ungefähr bei 149 angelangt –, sehe ich ihre leicht enttäuschten Gesichter. Wir Erwachsene freuen uns insgeheim, dass es die Gelegenheit einer kleinen Pause gibt, während man den ersten Ausblick genießt. Doch die Kinder schauen mich fragend an: »War's das?« – »Äh, nein, es geht noch weiter, da hinten rechts gehen die Stufen wieder los. Aber wartet doch kurz, genießt doch mal den Ausblick«, sage ich noch leicht außer Atem. Doch sie sind schon wieder weg. Wie schön ihr Enthusiasmus und ihr Entdeckergeist hier in Fahrt kommt! Der eine ist mit dem Zählen inzwischen bei 155, die andere bei 163. Dass beide am Ende bei 414 landen, bezweifle ich jetzt erstmals, aber es ist letztendlich auch egal. Der Weg ist das Ziel. Selten habe ich den Sinn dieses Satzes so gespürt wie beim Aufstieg auf den Florentiner Campanile mit Kindern.

Eng und steil

85 Meter sind zu bezwingen, und zwar in ziemlich engen Treppengängen. Am besten, Sie starten den Aufstieg deswegen direkt morgens um 8.15 Uhr, wenn der Glockenturm seine Pforten öffnet. Denn dann kommt Ihnen noch niemand entgegen. Auf- und Abstieg finden näm-

lich auf derselben Treppe statt. Beim Bau des Turms im 14. Jahrhundert hat man wohl noch nicht damit gerechnet, dass in späteren Jahrhunderten jährlich Millionen von Menschen in die Stadt kommen und hier hochsteigen. Das heißt also, spätestens beim Abstieg muss man ab und zu anhalten und die dann hochkommenden Personen durchlassen. Oder diese bleiben stehen, und man schlängelt sich an ihnen vorbei. Das funktioniert in der Regel ganz gut. Man kommt sich zwar zuweilen recht nah, was nach der Pandemie manchem gewagt erscheinen mag. Aber durch die vielen kleinen Gucklöcher innerhalb des Treppenhauses herrscht immer ein gewisser Durchzug. Man kann sich, kurz bevor man wieder unten ankommt, gegenüber den Entgegenkommenden den Scherz erlauben »ci siete quasi« – ihr habt's fast geschafft. Entweder man erntet dann böse Blicke oder ein Lachen außer Puste. Probieren Sie's mal!

Den Blick schweifen lassen

Auf der zweiten Plattform erscheint die benachbarte Domkuppel schon zum Greifen nah. Nicht nur für Kinder ein spektakulärer Ausblick. Da drüben, ganz oben auf der Domkuppel, stehen auch Menschen. Sie schauen zu uns herüber und winken. Der Aufstieg dort ist natürlich auch spektakulär und sogar noch ein paar Meter höher. Ich bevorzuge dennoch den Campanile, denn nur von hier hat man die wunderbare Kuppel so plastisch vor Augen. Und: Sind die Kinder letztendlich ganz oben

Von hier oben sieht alles so klein aus – bis auf die benachbarte Kuppel, die fast auf Augenhöhe ist.

angekommen, brauchen Sie sich auf dem Campanile keine Sorgen zu machen. Trotz der immensen Höhe gibt es wohl keinen Ort in Florenz, der so sicher ist wie diese Aussichtsterrasse. Wie in einem Käfig läuft man einmal rundherum, die Sicherungsgitter ummanteln die Besucher förmlich. Dennoch stören sie nicht beim Genießen des Ausblicks, finde ich. Und beim Fotografieren kann man das Handy ja durchs Gitter durchhalten. Vorsicht nur, dass es Ihnen nicht aus der Hand fällt!

Der Blick schweift im Norden bis nach Fiesole; die grünen toskanischen Hügel sehen aus dieser Perspektive aus wie die Landschaft einer Spielzeugeisenbahn. Das Baptisterium im Westen und die vielen kleinen Menschen unten auf dem Domplatz lassen die Kinder erst recht die Dimensionen dieses Glockenturms verstehen. Von hier oben haben Sie einen Rundumblick auf die ganze Stadt, man kann mit den Kleinen also im wahrsten Sinne des Wortes einen Überblick bekommen, wo man in den letzten Tagen womöglich schon überall war und wo man noch hinwill.

Ist der Abstieg geschafft, sind alle gut drauf. Ein Erfolgserlebnis, wenn man an dem riesigen Turm hinaufschaut und weiß: Ganz da oben waren wir gerade noch! Klar, damit haben wir uns ein Eis verdient. Im Eis-

Pinocchio-Figuren und Pinocchio-Bücher aus aller Welt – unzählige Variationen der Holzpuppe sind im Museo del Giocattolo e di Pinocchio ausgestellt.

café direkt an der Piazza gibt's die furchtbar süße und kunterbunte Sorte Unicorno (Einhorn) – kommt bei allen gut an.

Lügen haben kurze Beine … und lange Nasen

Nur wenige Meter weiter, in der Via dell' Oriuolo 47r östlich der Kathedrale, ist ein junger Mann zu Hause, den wohl auch jedes Kind kennt. Aber die wenigsten wissen wahrscheinlich, dass er eine so enge Verbindung zu Florenz hat. Sein Schöpfer Carlo Collodi war nämlich gebürtiger Florentiner (eine Tafel in der Via Taddea in der Nähe von San Lorenzo erinnert daran – in Nummer 21n ist er im Jahr 1826 geboren).

Collodis Geschichten über Pinocchio begannen im Jahr 1881 als Rubrik in der Zeitschrift für Kinder (»Giornale per i bambini«). Diese Fortsetzungsgeschichten kamen so gut an, dass nur zwei Jahre später bereits ein Sammelband mit den Abenteuern der Holzpuppe herausgegeben wurde. Heute zählt Pinocchio zu den berühmtesten Kinderbüchern, das wegen seiner sozialkritischen und satirischen Ansätze auch für Erwachsene unterhaltsam ist. Und zwar auf der ganzen Welt: In weit mehr als 200 Sprachen sind die Geschichten übersetzt und zigmal verfilmt worden.

Seit 2022 erinnert ein kleines Museum in der Via dell Oriuolo an Pinocchio: Es beherbergt zahlreiche Bücher, Zeichnungen und Figuren der Holzpuppe, die alle zusammengetragen wurden vom Verleger und Publizisten Giuseppe Garbarino. Daneben zeigt das Museum eine beeindruckende Sammlung anderer alter Spielsachen – eine Reise durch vergangene Jahrhunderte, mit Herzblut präsentiert, arrangiert und ausgestellt in großen Vitrinen. Die mehr als 1000 Exponate wurden bei der Auflösung eines früheren Mailänder Spielzeugmuseums nach Florenz geholt.

Schnitzeljagd

Die charmante Anna am Empfang begrüßt uns freundlich und lädt uns ein, an einer Schnitzeljagd teilzunehmen, es gäbe auch was zu gewinnen. Sie drückt uns ein Blatt in die Hand, auf dem zahlreiche Spielzeuge abgebildet sind. Na klar, da machen wir mit! Aber es ist gar nicht so leicht, ruft sie uns noch hinterher. Wie recht sie hat: Rund 20 Spielzeu-

Spielzeuge aus drei Jahrhunderten begeistern Groß und Klein im Pinocchio-Museum.

ge gilt es zu entdecken, zwischen Porzellanpuppen in Rüschen-kleidern und den ersten Micky-Maus-Heftchen, zwischen großen Spielzeugautos bis hin zu mini-kleinen Cowboy-Spielfiguren, die durch eine eigens für sie aufge-baute Landschaft reiten. Während die Kinder enthusiastisch los-rennen, entdecke ich das Porträt von Carlo Collodi, dem Schöpfer Pinocchios. Eigentlich hieß er Carlo Lorenzini; den Geburts-ort seiner Mutter, Collodi in der Nähe von Pescia, wählte er aber als Pseudonym.

Vom Touristentrubel des nahe gelegenen Domplatzes ist hier drin nichts zu spüren. Es ist schön, sich zwischen so vielen Kunst- und Architekturschätzen mal auf etwas ganz anderes einzulassen. Dadurch, dass die Kinder bei ihrer Schatzsuche so viele versteckte Spielzeuge entdecken müssen und notieren sollen, in welcher der zahlreichen Vitrinen sie sie gesehen haben, fokussieren sie sich auf die Gegenstände, schauen sich alle Vitrinen wirklich genau an und erfahren sozusagen nebenbei, wie Spielzeuge sich ab dem 18. Jahrhundert entwickelt haben. Auch als Erwachsener lernt man, wie sich die Produktion durch neue Materialien wie Kunststoffe und Metalle verändert hat in den letzten Jahrhunderten. Ein ungeahnter, wertvoller Schatz mitten in Florenz, dieses kleine Museum. Besonders spannend ist es bestimmt für Großeltern, mit den Enkeln hier durchzustöbern, da könnten viele Schätze aus der eigenen Kindheit entdeckt werden.

Unsere Nasen bleiben kurz

Als wir die drei Ebenen geschafft haben, gibt's als Belohnung oben einen kleinen Film über die Entstehung Pinocchios, die zahlreichen internationalen Inszenierungen und Filmproduktionen. Und die Bitte an die Kinder, ihn zu malen als Geschenk fürs Museum. Stifte und Papier liegen bereit. Die Vorfreude auf den Schatz steigt. Mit den gemalten Bildern gehen wir zurück zum Eingang, Anna kommt uns schon neugierig und lächelnd entgegen. »Allora? Avete trovato tutto?« – »Habt ihr alles gefunden?« – »Siiii« rufe ich mit den Kindern fröhlich und fühle mich in dem Moment selbst wie ein Kind, das nun stolz seinen Zettel mit den Lösungen hinhält. »Bravi!«, lacht Anna nur und begleitet uns zum Kassenbereich.

Ob sie die vielen mühsam erarbeiteten Lösungen nicht kontrollieren will, frage ich verwirrt. Wieder wie ein Kind, das nun ein bisschen in seinem Stolz gekränkt zu sein scheint. Anna dreht sich lächelnd um und bleibt stehen: »Ich glaube euch, wenn ihr sagt, dass ihr alles gefunden habt. Denn wer hier drin lügt, bekommt eine lange Nase. Und eure Nasen sind nicht lang geworden.« Ich übersetze das meinen Kindern, die immer noch erwartungsvoll ihre Zettel mit den Lösungen hinhalten, und spüre, wie mir warm ums Herz wird. Ganz bezaubernd finde ich das. Und meine Kinder freuen sich über ihre Preise, ein Lesezeichen mit Pinocchio drauf und ein Pinocchio-Mobile zum Basteln. Was für ein hübscher, kleiner Ort, an dem die Kleinen im Mittelpunkt stehen.

Kinder, die niemand haben will – Europas erstes Waisenhaus

Es ist ein kalter Februartag im Jahr 1445. Ein Baby in einem Bastkorb und in Leinen gewickelt liegt vor dem Haupteingang des neu gegründeten Hospitals für Findelkinder. Die Ammen, die das Mädchen an diesem Februartag finden, geben ihm den Namen Agata. Mit dem Zusatz Smeralda (Smaragd) in Anlehnung an den kostbaren Stein. Die kleine Agata Smeralda wird zwar im Dezember des gleichen Jahres in den Armen ihrer Amme sterben, mit noch nicht einmal einem Jahr – die Zeiten sind hart, Hunger und mangelnde Hygiene an der Tagesordnung.

Dennoch machen der Name Agata Smeralda und ihre Geschichte auch heute noch Hoffnung. Denn die kleine Agata war nur der Anfang, nach ihr folgten mehr als eine halbe Million Kinder mit ungewisser

Zukunft, die hier abgelegt wurden. Viele von ihnen konnten von hier in ein behüteteres Leben starten. Vier Jahrhunderte lang. Seit 1445 wurden alle hier abgegebenen Kinder in Listen vermerkt, sodass auch Jahre später jedes einzelne Schicksal nachvollziehbar ist.

Nicht nur architektonisch ein Meilenstein der Renaissance

Die Fassade der lang gezogenen Loggia wird geschmückt von runden Bildnissen aus Terracotta, die eingewickelte Babys zeigen – Kunstwerke Andrea della Robbias, die gleich auf den ersten Blick den Sinn dieses Gebäudes verbildlichen. Das Ospedale degli Innocenti (Hospital der Unschuldigen) an der weitläufigen Piazza Santissima Annunziata, erstes Waisenhaus Europas, wurde im 15. Jahrhundert errichtet – übrigens nach Plänen keines Geringeren als Filippo Brunelleschi, dem Erbauer der Domkuppel.

Wer heute mit Kindern zu diesem Ort kommt, sollte vorher mit ihnen darüber sprechen, was das hier überhaupt genau ist. Denn ganz so unbeschwert wie die Schatzsuche im Pinocchio-Museum ist der Besuch dieser Anlage nicht. Vielmehr regt es Kinder zum Nachdenken darüber an, dass es Kinder gab und leider auch heute noch gibt, die keine Eltern haben oder deren Eltern sich nicht um sie kümmern – aus welchen Gründen auch immer. Gleichzeitig wird aber der humanistische Ansatz der frühen Renaissance für die Kinder spürbar: In dem Museum ist auf beeindruckende Weise dokumentiert, mit wie viel Wärme, Herzblut und Nächstenliebe hier seit Jahrhunderten Kinder aufgenommen werden.

Eine der Terrakottafiguren, die Andrea della Robbia für das Ospedale degli Innocenti schuf

Das Museum der halben Kleinigkeiten

Nach vielen Informationstafeln und Zeitstrahlen stehen wir plötzlich vor einem Holzregal mit zig kleinen Schublädchen. Auf jeder kleinen Lade stehen ein Vorname und ein Geburtsdatum. Wegen des Datums sticht mir spontan Maria ins Auge, sie ist an meinem Geburtstag geboren, nur 129 Jahre vorher – am 26. April 1847. Neugierig öffnen die Kinder die Schublade, darin liegt liebevoll eingebettet auf einem blauen

Von allem nur die Hälfte: Der zweite Teil verblieb als Beweis bei den Eltern.

Samtkisschen eine kleine Münze. Wohlgemerkt eine halbe Münze. Wo ist die andere Hälfte?

Außen am Hospital gibt es eine Art Babyklappe, deren Inschrift besagt: »Vier Jahrhunderte lang war dies die Drehscheibe der Unschuldigen, geheimes Refugium vor Misere und Scham, dem die Nächstenliebe niemals die Tür verschlossen hat.« Hier wurden bis zur Schließung des Hospitals im Jahr 1875 Babys anonym abgelegt. Eingewickelt in Leintücher oder Decken, hatten sie meist nur ein solches Erkennungszeichen bei sich, dessen zweite Hälfte bei den Eltern oder einem Elternteil blieb. Halbe Münzen, halbe Steine, auseinandergeschnittene Bänder, zerteilte Zettelchen, halbe Stoffstückchen – all diese kleinen Beigaben sind hier im Museum fein säuberlich archiviert. Man bekommt Gänsehaut, wenn man die kleinen Schublädchen öffnet und diese halben Gegenstände sieht. Die Hoffnung, auf diese Weise das eigene Kind irgendwann wiedererkennen und zu sich nehmen zu können, war wohl immer da – bei jedem Elternteil, der sein Baby hier abgab in den letzten Jahrhunderten. Es wurde sogar offiziell zur Bedingung, ein solches Erkennungszeichen mitzugeben, wenn man ein Findelkind abgeben wollte. Man muss sich vorstellen, dass das damals (lange vor heutigen Möglichkeiten wie Gentests) die einzige

Im 18. Jahrhundert diente die Terrasse zum Trocknen der Wäsche des Waisenhauses, heutzutage lädt hier oben das Caffè del Verone zum Verweilen ein.

Option war, nachweisen zu können, wer die Eltern des jeweiligen Kindes
waren. Auch wenn die meisten Kinder nie mehr abgeholt wurden, sondern zu Pflegefamilien kamen oder adoptiert wurden.

Ein bedrückendes Gefühl durchfährt mich, als ich diese Zusammen-
hänge meinen Kindern erkläre. Doch an ihren interessierten Augen sehe
ich, wie sie diese Geschichten faszinieren. Wie sie Domenico di Micheli-
nos Bild »Maria beschützt die Kinder« studieren und den blauen Mantel
der Madonna bewundern, unter den so viele hilfsbedürftige Kinder pas-
sen. Wie sie die alten Bilder und Fotos der pflegenden Kinderkranken-
schwestern aufsaugen, wie sie offenbar versuchen, sich in diese alten Zeiten hineinzuversetzen. Viele Kinder sind heute als Museumsbesucher zu
Gast, das Museum über die Geschichte des Waisenhauses ist auch kindgerecht aufbereitet. Dennoch ist es leise hier drin. Es herrscht Ruhe und
Respekt vor der Vergangenheit. In dem Gebäudekomplex befinden sich
heute außerdem ein Museum mit Renaissancegemälden, eine Grund-
schule, ein Kindergarten sowie ein Forschungscenter von UNICEF.

Ganz oben auf der Terrasse wird man mit einem spektakulären Blick
auf die Domkuppel belohnt. In dem überdachten Café mit Sitzmöglich-
keiten außen und innen kann man die Eindrücke der unteren Stockwer-

ke in Ruhe Revue passieren lassen. Am Eingang des Cafés hängt eine riesige Schwarz-Weiß-Fotografie, die zeigt, wie die Ammen früher auf dieser Terrasse die Bettwäsche der Kinder zum Trocknen aufhängten. Jetzt sitzt man hier und genießt zum Kaffee den Ausblick über Florenz. Und die Kinder genießen ihren Kakao. Und vielleicht auch die Gewissheit ihres unbeschwerten Lebens.

Ein Bienenschwarm auf der Piazza Santissima Annunziata

Wieder draußen auf der Piazza dürfen Sie nicht den versteckten Bienenschwarm verpassen – eine Herausforderung für die Augen und das Gehirn: Auf dem Sockel der Statue des Großherzogs Ferdinando I. de' Medici (eines der letzten Werke des Renaissancekünstlers Giambologna) befindet sich eine Bronzetafel, die eine Bienenkönigin als Machtsymbol in der Mitte zeigt, sie steht für den Großherzog. Drum herum sind unzählige Bienen, die für das Volk der Stadt Florenz stehen. Aber wie viele Arbeiterbienen sind es eigentlich? Leider sind es wirklich unzählige. Im wahrsten Sinne des Wortes.

Schon vor Jahrhunderten kamen Eltern mit eigensinnigen oder fordernden Kindern hierher und ließen sie die Bienen zählen. Mit dem Versprechen, auf ihre Wünsche einzugehen, sofern es dem Kind gelänge, die exakte Anzahl der Bienen zu nennen – und dem Hintergedanken: Es gelingt sowieso nicht. Mittlerweile sagt man in Florenz: Wer es schafft, die Bienen zu zählen, ohne sie zu berühren oder auf sie zu zeigen, den wird das Glück immer begleiten. Doch es ist unmöglich. Stellen Sie sich drauf ein, dass Ihre Kinder mehrmals zählen werden, denn komischerweise kommt so gut wie nie dasselbe Ergebnis raus. Versuchen Sie es selbst, es wird Ihnen wahrscheinlich auch nicht gelingen.

Doch, ich weiß das Ergebnis. Aber ich verrate es nicht.

Glück für alle

Natürlich sind Ponte Vecchio, Piazza della Signoria und Domplatz genau wie alle anderen weltberühmten Plätze der Stadt auch für Kinder beeindruckend, wenn auch vielleicht aus anderen Gründen als für Erwachsene. So fanden unsere Kinder es bei ihrem ersten Florenz-

besuch spannend, an der Fassade des Palazzo Vecchio ein paar Klet-
terversuche zu unternehmen. Den vorbeilaufenden Carabinieri war das
zum Glück egal. Der alte Palast hat schon mehr ausgehalten. Sie lieben
es auch, vom Ponte Vecchio aus den Enten im Arno zuzuwinken. Oder
im weitläufigen Hof der Uffizien die Porträtmaler zu beobachten und
auf dem riesigen Platz vor dem Palazzo Pitti Fangen zu spielen.

Ein Wildschwein auf dem Markt

Ein Highlight im Centro storico ist auf jeden Fall das weltbekannte Porcellino, das Wildschwein am Mercato Nuovo. Ihm eilt die Legende voraus,
man müsse seine Nase reiben, um Glück zu haben. Bei Touristen aus aller
Welt ein bekanntes und beliebtes Ritual, deswegen hat das Schwein von
den vielen Berührungen auch schon eine glänzende Nase. Doch der Enthusiasmus von Kindern scheint erst so richtig mit der erweiterten Ver-
sion geweckt zu werden: Nach dem Berühren der Nase muss man, so der
Aberglaube, eine Münze in den Mund des Schweins legen. Landet diese
Münze beim Hinabfallen im Gitter am Boden darunter, bringt es Glück.
Wenn nicht, muss man die Münze wieder aufheben und es eben nochmal
probieren. Also, Letzteres habe ich so erweitert, um die Enttäuschung

»Ein ganzes illustriertes Buch«, so nannte der Märchenautor Hans Christian
Andersen Florenz. Er liebte die Stadt und ließ sich hier für sein Märchen »Das
Bronzeschwein« inspirieren, dessen Vorbild auf dem Mercato Nuovo steht.

Piazza della Repubblica: Das bunte, märchenhafte Karussell im viktorianischen Stil lässt nicht nur Kinderherzen höher schlagen.

zu relativieren. Ich habe dort schon Stunden verbracht, bis jede Münze letztendlich im Gitter gelandet ist. Und somit alle Glück hatten. Außer mir. Ich habe es noch nie geschafft. Meine Münze landet immer daneben.

Das Karussell

Dennoch schätze ich mich außerordentlich glücklich. Zum Beispiel, wenn ich kurz darauf nur wenige Meter weiter über die Via Calimala die Piazza della Repubblica erreiche, die in den frühen Morgenstunden so ruhig dalag. Jetzt hingegen bewegt sich das bunte Karussell unentwegt, und das wird es noch bis Mitternacht tun. Kleine Kinder aus aller Welt drehen mittlerweile die vierte Runde, die Eltern stehen geduldig daneben und winken ihnen bei jeder Umdrehung zu. Auf dem oberen Teil des Karussells sind rundherum die zwölf berühmtesten Wahrzeichen oder Plätze der Stadt in einzelnen bunten Bildern zu erkennen. Für die Kinder ein hübscher Test, was in Florenz sie schon alles kennen und wiedererkennen.

Mitten auf dem Platz steht ein Gitarrist und singt einfühlsam »You're beautiful«. Für die Stadt Florenz, für jeden, der hier gerade diesen zauberhaften Moment in den frühen Abendstunden erlebt, und für mich. Die Kinder tanzen zur Musik quer über die Piazza, der Hund des Gitarristen schaut ihnen nach. Ein einfacher und gleichzeitig so intensiver Moment, den es jeden Tag gratis gibt und den die bunten Lichter des sich drehenden Karussells unterstreichen.

Was, wo und wann?

Leonardo Interactive Museum

Nicht verwechseln! In der Nähe gibt es auch das Museo Leonardo da Vinci (siehe Tipp rechts), das mit dem interaktiven Leonardo-Museum aber nichts zu tun hat.

- Via dei Servi 66r
  Tel. +39-055-28 29 66
  leonardointeractivemuseum.com
  Tgl. 9.30–19.30 | Eintritt 8 Euro, Kinder 5–17 Jahre und Studenten bis 23 Jahre 6,90 Euro. Ticketkauf und Reservierung einer Eintrittszeit müssen online erfolgen.

Campanile

Der Florentiner Campanile (von *campana* – Glocke) ist ein Zeugnis gotischer Architektur aus dem 14. Jahrhundert. Im Jahr 1334 wurde er von Giotto di Bondone begonnen, nach seinem Tod wurden die Arbeiten von Andrea Pisano weitergeführt und 1359 von Francesco Talenti zu Ende gebracht. Knapp 60 Flachreliefs schmücken den Turm sowie 16 Statuen in Lebensgröße – allerdings Kopien; die Originale sind heute im Dommuseum zu sehen. Der Campanile ist also nicht nur architektonisch, sondern auch bildhauerisch ein Meisterwerk.

- Piazza del Duomo
  duomo.firenze.it | Tgl. 8.15–19.45 Uhr Tickets siehe S. 32.

Museo del Giocattolo e di Pinocchio

- Via dell' Oriuolo 47
  Tel. +39-329-803 20 85
  www.museodelgiocattolo.it
  Tgl. 10–18 Uhr
  Eintritt 10 Euro, ermäßigt 8 Euro, Familien und Gruppen ab 4 Personen 6 Euro pro Person

Museo degli Innocenti

- Piazza SS. Annunziata 13
  Tel. +39-055-203 71 22
  www.museodeglinnocenti.it
  Tgl. 9–19 Uhr
  Eintritt ständige Sammlung 9 Euro, Kinder bis 11 Jahre frei, bis 18 Jahre 7 Euro; Aufpreis für Sonderausstellungen

TIPPS

WEITERE ANGEBOTE FÜR FAMILIEN MIT KINDERN

Museo Leonardo da Vinci
Entdeckernaturen interessieren sich auch für das »andere« Da-Vinci-Museum, das nach Plänen von Leonardo nachgebaute Maschinen in Originalgröße zeigt.
• Via del Castellaccio 1r
  Tel. +39-055-202 99 01
  www.museoleonardodavincifirenze.com
  April–Okt tgl. 9.30–19.30,
  Nov.–März Mo–Fr 10.30–18.30,
  Sa/So 9.30–19.30 Uhr
  Eintritt 8 Euro, Familienticket
  (2 Erw., 2 Kinder) 24 Euro

Museo delle Illusioni
Im Museum der Illusionen wird Wissenschaft mit Fantasie verknüpft. Optische Täuschungen erzielen die verblüffendsten Effekte.
• Borgo degli Albizi 29
  Tel: +39-345-595 40 87
  museumofillusions.it
  Mo–Fr 10–19, Sa/So 9–21 Uhr
  Eintritt 17 Euro, Schüler, Studenten, Rentner 13 Euro, Vorschulkinder (3–6 Jahre) 6 Euro, Familienticket (2 Erw., 2 Kinder) 51 Euro

Spielplatz auf der großen, schön angelegten Piazza d'Azeglio
Dieser zentral gelegene Spielplatz im Viertel Santa Croce lässt dank eines Kinderkarussells, mehrerer Rutschen und Schaukeln vor allem die Augen der Kleinsten leuchten.

Festa del Mugello
In den Sommermonaten (ab Mai) bietet dieses große Open-Air-Restaurant im Süden der Stadt Spaß für die ganze Familie. Von Spielgeräten über Tischtennis bis hin zu Livemusik ist einiges geboten.
• Garten der Tuscany Hall
  Lungarno Aldo Moro 3

Parco Avventura Il Gigante
Abenteuerpark mit Hochseilgärten nordöstlich von Florenz. Die Parcours sind je nach Schwierigkeitsgrad farbig markiert; die einfachsten (gelb) sind schon für fitte Kinder ab 3 geeignet. Sicherheitsequipment wird gestellt. Der Hochseilgarten ist außer mit dem Auto auch mit dem Bus 25/A ab Piazza San Marco in Florenz zu erreichen.
• Via Fiorentina, 50036 Pratolino
  Tel. +39-320-326 12 43
  parcoavventurailgigante.it
  Öffnungszeiten und Preise unterschiedlich; siehe Website.

Auch mitten im turbulenten Stadtalltag gibt es kleine Oasen zum Durchatmen, wie hier auf der Piazza Santa Maria Novella.

7

Pause in der Großstadt

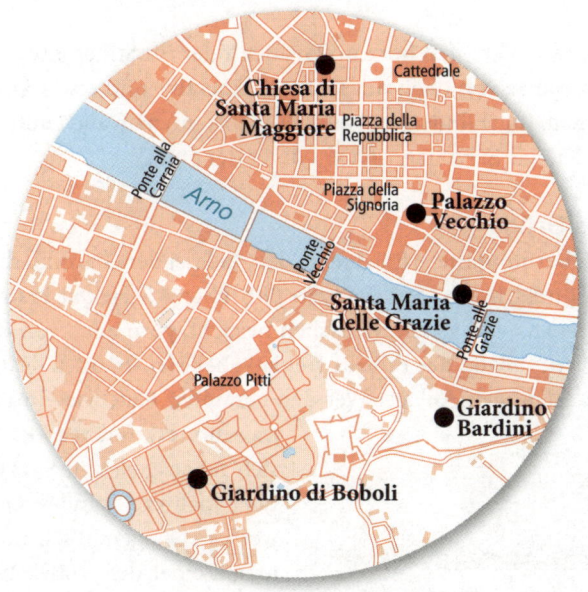

Gartenspaziergänge mit Ausblick, Kirchen als Ruhepole, ein Abstecher nach Fiesole in den Hügeln über Florenz, Aussichtsterrassen und ein Besuch im Untergrund.

Einfach mal durchatmen

Nach unzähligen Museumsbesuchen, imposanten Kirchen und vollen Gassen kann es durchaus sein, dass man irgendwann eine Pause von dieser überwältigenden Stadt braucht. Je nachdem, wie lange Ihr Aufenthalt in Florenz ist, wird das womöglich auch Ihnen passieren – vor allem, wenn Sie in einem Hotel mitten in der Altstadt untergebracht sind. Einfach mal Ruhe – denn nicht nur die Menschenmassen, sondern auch die Eindrücke auf kultureller und historischer Ebene können ganz leicht in einer Reizüberflutung enden.

Da kann es helfen, mal kurz im Grünen oder im Stillen Luft zu holen oder das Ganze von oben mit neuer Perspektive und etwas Distanz zu überblicken. Ruhe finden und durchatmen kann man auch mitten in der Stadt (oder, wie Sie sehen werden, unter der Stadt).

Rein ins Grüne

Die wohl berühmteste grüne Lunge der Stadt ist der Giardino di Boboli, der sich direkt hinter dem Palazzo Pitti über 4,5 Hektar erstreckt. Er wird durchaus von vielen Menschen besucht, gern auch von den Einheimischen, für die der Eintritt frei ist, aber sie verlaufen sich schnell in der weitläufigen Anlage. Wer den gesamten Park wie ein Freilichtmuseum erkunden möchte, kann sich auf ausgedehnte Spaziergänge über mehrere Stunden einstellen, wer es eher gemütlich mag, breitet auf einer der großen Rasenflächen eine Decke aus und verzehrt das mitgebrachte Picknick. Eine grüne Oase mitten in Oltrarno – wunderbar! Hierhin haben sich schon die Medici zurückgezogen und die Ruhe genossen. Und da-

HÄTTEN SIE'S GEWUSST?

Das Original des Porcellino-Brunnens (Kopie am Mercato Nuovo; siehe S. 118) steht im Museum Bardini. Pietro Tacca schuf es 1612, ein Schüler des berühmten Renaissancebildhauers Giambologna.

Die freskierte künstliche Tropfsteinhöhle Grotta di Buontalenti im Boboli-Garten

von zeugen noch heute die zahlreichen Brunnen sowie die künstlich angelegte Tropfsteinhöhle, die eigens zur Unterhaltung des Adels im 16. Jahrhundert konzipiert wurde. Die Grotta di Buontalenti (benannt nach dem Künstler des Manierismus) dürfen Sie auf keinen Fall verpassen!

Vom Boboli-Garten aus kann man gleich in den nächsten großen Garten weiter spazieren: Der Giardino Bardini ist aufgrund seiner Lage am Hang kleinteiliger und vereint in sich unter anderem einen Obstgarten, einen Hain im englischen Stil und den Englisch-Chinesischen Garten. In der Mitte führt eine steile Barocktreppe zum von zwei Statuen flankierten zentralen Aussichtspunkt, der Belvedere-Terrasse, die einen umwerfenden Blick auf die beeindruckende Gartenbaukunst und über den Arno auf die Florentiner Altstadt bietet. Der Namensgeber, Antiquitätensammler Stefano Bardini, kaufte das Gelände der Adelsfamilie Mozzi mitsamt Palazzo zu Beginn des 20. Jahrhunderts. Die einzigartige Garten- und Museumsanlage ist seit 1999 im Besitz der Stadt und wurde nach umfangreicher Restauration erst 2005 wiedereröffnet. Deswegen ist der Garten wohl noch nicht so bekannt wie der benachbarte Boboli-Garten. Genießen Sie nach einem Museumsbesuch den weiten Ausblick, die Ruhe, die Skulpturen im Grünen und womöglich auch eine kleine Stärkung oder einen Kaffee in der hübschen Loggetta di Villa Bardini.

Die kleine heilige Ruhe zwischendurch

Von den mehr als 100 Kirchen in Florenz sind einige weltberühmt und oft überlaufen oder haben Zugangsbeschränkungen. Dafür herrscht in vielen der Kirchen, die nicht ganz so bekannt sind, tagsüber meist wunderbare Ruhe. Ich betrete zum Beispiel immer wieder gerne die sehr prominent gelegene, aber von außen eher unscheinbare Santa Maria Maggiore, Teil einer ehemaligen Klosteranlage an der lauten Hauptstraße Via de' Cerretani zwischen Hauptbahnhof und Dom. Hektisch tobt draußen der Verkehr, lärmend rollen unzählige Ziehkoffer vorbei, doch nur die paar Schritte hinein in das kühle Innere dieser Kirche lassen einen automatisch durchatmen. Ich persönlich schicke dann gerne auch ein kurzes Gebet nach oben, doch auch für Nicht-Christen dürfte diese Stille hier ein willkommener Anlass zum Innehalten sein.

Am nördlichen Ufer des Arnos liegt die winzige Kirche Santa Maria delle Grazie – ein kleines Oratorium am Lungarno Diaz, das man

Der kleine Garten vor der Kirche der Lutherischen Gemeinde lädt zum Ausruhen ein.

im Vorbeigehen sehr leicht übersehen kann. Auf den wenigen Quadratmetern herrscht absolute Ruhe, und immer, wenn ich hineinschaue, sitzt mindestens ein Mensch darin und schaut in der Stille zum Bildnis der Heiligen Maria. Dieses Fresko eines anonymen Künstlers aus dem 14. Jahrhundert, das die Madonna und Jesus zeigt, stand zunächst in einem Tabernakel an der Brücke, die damals noch Ponte Rubaconte hieß. Da das Fresko bei der Flut im Jahr 1333 wie durch ein Wunder komplett verschont blieb – und mit ihm die Brücke, bei der es stand –, wurde 1371 eine Kapelle eigens für dieses Marienfresko errichtet und die Brücke in Anlehnung an die Madonna umbenannt – in Ponte alle Grazie.

Madonna mit Kind – immer wieder wie durch ein Wunder verschont

Seitdem setzt sich dieses Wunder fort – nie wurde das Fresko beschädigt, weder bei Hochwasser noch bei größeren Umbauarbeiten wie 1866, als die neue italienische Hauptstadt Florenz gerade im Bereich dieser Brücke viele Veränderungen erfuhr. Deswegen wurde dem Fresko 1874 eine neue Kapelle ein paar Meter weiter am Lungarno Diaz gewidmet. Und auch hier überlebte es fortan – sogar die Flut 1966 hinterließ keine Schäden. Auch dem Gasleck im Jahr 2019 hielt die Madonna mit den schiefen Augen stand, wie sie zuweilen im Volksmund liebevoll genannt wird. An der Kirche befestigte Zeitungsartikel berichten darüber, wie damals die gesamte Umgebung auf wundersame Weise von einer Katastrophe verschont blieb. Ein Kleinod mitten in der Stadt mit einer beeindruckenden Historie – wer hier in dieser kleinen Kapelle am Arnoufer Ruhe sucht, der findet sie definitiv.

WEITERE KIRCHEN MIT WENIG ANDRANG

Chiesa Luterana

Die deutschsprachige evangelisch-lutherische Gemeinde entstand Anfang des 20. Jahrhunderts. Die Gottesdienste sind zweisprachig, gepredigt wird auf Deutsch. Bemerkenswert ist die deutsche Inschrift über dem Eingangsportal: »Ein feste Burg ist unser Gott« – der Anfang eines Kirchenlieds von Martin Luther. Davor liegt ein gepflegter kleiner Garten.
• Lungarno Torrigiani 11

Santa Lucia dei Magnoli

Der heilige Franz von Assisi soll bei seinem ersten Florenzbesuch im Jahre 1211 in einem Krankenhaus neben der Kirche übernachtet haben.
• Via de' Bardi 22, Oltrarno

San Salvatore in Ognissanti

Die Pfarrkirche der Familie Vespucci stammt ursprünglich aus dem 13. Jahrhundert, wurde aber im 17. Jahrhundert fast komplett neu im Barockstil gebaut. Auf dem Fresko »Madonna della Misericordia« ist der berühmte Entdecker und Amerikas Namensgeber Amerigo Vespucci zu sehen.
• Borgo Ognissanti 42

Fiesole – Firenzes kleine Schwester

Nur ein paar Kilometer nordöstlich von Florenz liegt Fiesole. Meine Erinnerungen an die Hügel rund um die alte Etruskerstadt sind besonders intensiv, denn am Fuße der Via del Salviatino war in einem historischen Palazzo die Schule beherbergt, auf die ich Mitte der 1990er-Jahre ging: Villa Montalto. Heute entstehen hier Luxusappartements – den exklusiven Blick von hier oben können die Immobilienmakler teuer verkaufen. Nur wenige Gehminuten davon entfernt wohnte ich in einer WG mit drei Italienerinnen. Eine ruhige, unspektakuläre Gegend, nur ein paar Busminuten vom Centro storico entfernt.

Die bei der Villa Montalto beginnende Via del Salviatino schlängelt sich durch die toskanische Landschaft bis hinauf zur Piazza Mino in

Kurz mal die Sonne genießen auf dem Weg nach Fiesole.

Fiesole. Hin kommt man mit der Buslinie 7 ab San Marco, mit dem Auto oder – noch eindrucksvoller – mit einer gemieteten Vespa.

Fiesole ist definitiv einen Ausflug wert. Zum einen wegen des ungefähr 200 v. Chr. erbauten römischen Theaters und wegen des archäologischen Museums zur etruskischen Vergangenheit. Aber auch, weil hier alles so klein und gemütlich ist im Vergleich zum alltäglichen Trubel unten in Florenz.

Unzählige Male bin ich schon hier oben gewesen – so nah an Florenz ist es, und doch so anders. Legen Sie im Restaurant Fiesolano auf der Piazza Mino da Fiesole eine Pause ein, und gehen Sie anschließend die Via Giuseppe Verdi hinauf. Eher unscheinbar verschwindet die kleine Straße in

Kirche und Kloster San Francesco am höchsten Punkt von Fiesole

der Häuserschlucht; man würde beim Gang hinauf kaum auf die Idee kommen, welch spektakuläre Aussicht nach nur ein paar Metern wartet. Hier oben können Sie verweilen, so lange Sie wollen – diesen spektakulären Ausblick gibt's kostenlos und meist exklusiv. Egal, zu welcher Tages- oder Jahreszeit: Nachts liegt einem das atemberaubende Lichtermeer des Arnotals zu Füßen, im Herbst kann es passieren, dass Nebelschwaden die Stadt bedecken und nur Brunelleschis Kuppel herausragt. Malerisch!

Generell bieten Fiesole und Umland einige spektakuläre Aussichtspunkte. Informieren Sie sich zum Beispiel über die beeindruckende Villa Medici, oder wandern Sie einfach auf eigene Faust los durch die Landschaft rund um Fiesole. Einen Tipp möchte ich Ihnen besonders ans Herz legen – spazieren Sie zum höchsten Punkt Fiesoles, zum mittelalterlichen Kloster San Francesco. Hermann Hesse schrieb darüber: »Der schönste Platz von Fiesole ist unstreitig die Klosterhöhe. Dort verträumte ich manchen warmen Spätnachmittag im Geplauder mit den Strohflechterinnen, Bettlern und Kindern, auf der breiten Mauer liegend.«

Die Strohflechterinnen und Bettler gibt es hier heute nicht mehr, aber auch ein Jahrhundert nach Hesse ist das hier einer der schönsten Orte zum Entspannen rund um Florenz. Wenn ich von der Piazza Mino die

Eine grandiose Aussicht zum Wein bietet die Terrasse des Rinascente.

Via San Francesco hinauf zum alten Kloster gehe, spüre ich, wie ich schon beim Laufen eine gesunde Distanz gewinne zu meinem geliebten Florenz und seinem Trubel. Der weite Blick und die Ruhe hier oben stärken für weitere Erkundungsrunden in der wunderbaren Stadt unten.

Ausblicke in der Stadt selbst

Aber auch mitten in Florenz gibt es beeindruckende Aussichtspunkte. Zahlreiche Hotels bieten Terrassen an, die nicht nur Hotelgästen vorbehalten sind. Das **Hotel La Scaletta** in Oltrarno (Via Guicciardini 13) beispielsweise wartet mit einem wunderschönen Blick auf das Centro storico auf: Der Palazzo Pitti liegt einem zu Füßen, und der Dom lacht einem entgegen. Reservieren Sie am besten ein Tischchen auf der obersten Ebene der Terrassenanlage.

Die Loggia Rooftop Bar auf dem **Hotel Palazzo Guadagni** (Piazza Santo Spirito 9) gibt einen sensationellen Blick auf Santo Spirito und Oltrarno frei und bietet eine große Auswahl an Cocktails. Wer sich den Abend etwas kosten lassen möchte, genießt ein erstklassiges Dinner oder auch nur einen Drink im **B-Roof** – Restaurant und Bar im fünften Stock des Grand Hotels Baglioni mitten im Zentrum (Piazza dell'Unità Italiana).

Unprätentiöser und kostengünstiger gibt's den atemberaubenden Blick in der Caffeteria der **Biblioteca delle Oblate** (Via dell'Oriuolo 26), mit Sitzplätzen sowohl innen als auch außen, die Kuppel zum Greifen nah, eine Oase der Ruhe vor allem für Studenten und Einheimische.

Kein Geheimtipp mehr ist die Dachterrasse des Kaufhauses **Rinascente,** die Rooftop-Bar ToscaNino (Piazza della Repubblica 4). Am Abend einen Drink an einem der paar Tischchen und den Blick auf die Piazza della Repubblica und die nahe Kuppel zu genießen ist überwältigend. Die Schlange im dazugehörigen Restaurant auf der obersten Ebene des Kaufhauses leider manchmal auch. Reservierungen werden nicht entgegengenommen. Am besten kommen Sie tagsüber her, dann kann schon mal weniger Andrang sein.

Entspannter Job in luftiger Höhe

Aber nicht alle Aussichtspunkte der Stadt erreicht man so leicht mit Aufzug oder Rolltreppen: Hunderte Stufen muss man (am besten morgens) erklimmen, um Ruhe auf dem Dach eines der Florentiner Wahrzeichen zu haben. Wenn unten in Florenz das Leben erwacht, sitzt Studentin Francesca bereits auf einem einfachen Holzstuhl hoch oben auf einem der geschichtsträchtigsten Monumente, die Florenz zu bieten hat – auf dem Arnolfo-Turm des Palazzo Vecchio in mehr als 90 Metern Höhe.

Die Morgensonne streichelt ihre Stirn, und Francesca schaut auf ihr Handy. Den 360-Grad-Rundumblick über die Altstadt, den kann sie regelmäßig genießen, denn sie jobbt neben dem Studium als »Aufpasserin« hier oben. Ihre Aufgabe: auf dem Turm zu sitzen und gegebenenfalls den Besuchern Fragen zu beantworten. Heute bin ich die erste an diesem Morgen, völlig außer Atem, nachdem ich die engen Treppen hochgeklettert bin. Francesca grüßt mit einem freundlichen »Salve«.

Bestimmt beneiden viele Kommilitonen sie um diesen Job, denke ich mir, es ist ruhiger als unten in den Bars der Stadt, in denen andere Geld dazuverdienen. Hier, ganz oben, kann Francesca runterkommen. Und ich auch: Alleine genieße ich den Blick auf Dom und Campanile, die mir wie von einem Gemälde entgegenlachen. Der leichte Morgenwind, der mir

Blick vom Arnolfo-Turm des Palazzo Vecchio.

Mit dem Architekten Gabriele Pellegrini in den Tiefen der florentinischen Antike

durchs Haar weht, unterstreicht dieses Gefühl von Freiheit und absoluter Ruhe. Und das an einem der prominentesten Orte der Stadt. Deswegen mal wieder mein Tipp: Seien Sie der frühe Vogel!

Auch tief unter der Erde herrscht momentan Ruhe

Luftlinie ganz in der Nähe, aber tief unter der Erde, kann man ebenfalls eine faszinierende Stille mitten in der Stadt genießen: Ich treffe den Architekten Gabriele Pellegrini, der momentan die Ausgrabungen unter dem Palazzo Vecchio mitverantwortet. Für die Öffentlichkeit ist dieser Ort gerade geschlossen, doch schon bald soll man hier wieder hinuntersteigen können. Spätestens dann wird die Ruhe wohl nicht mehr ganz so exklusiv sein wie jetzt, wo ich hier fast allein stehe. Es dürfte dann bald so ähnlich zugehen wie bei Santa Reparata unter Santa Maria del Fiore. Dennoch wird es ein faszinierender Ort zum Innehalten bleiben.

Die Ausgrabungen der letzten Jahre haben beeindruckende Details der antiken Stadt preisgegeben: Florentia. Hier fand das römische Leben statt – mehrere Meter unterhalb des jetzigen Bodens. Warum ist das so? Gabriele Pellegrini erklärt es mir: Alte Gebäude, die einstürzen oder zerstört werden, hinterlassen die Steine und die Bausubstanz. Darauf (und in manchen Fällen auch daraus) werden neue Gebäude errichtet – im Lauf der Jahrhunderte wird die Basis des Bodens immer höher. Gleichzeitig kann auch zusätzliche Erde entstehen, wenn Blätter von Bäumen herabfallen, verrotten und zu Humus werden. Wind, Staub, Laub und Erde haben antike Städte also wortwörtlich vergraben.

Dieses unterirdische römische Herz von Florenz unter dem Palazzo Vecchio und der Piazza della Signoria wird seit Jahren freigelegt – spektakulär, das so hautnah zu sehen. Nur wenige Meter darüber flanieren jährlich Millionen Menschen, aber hier unten herrscht Ruhe, und es ist kühl und dunkel. Immer wieder leuchtet Gabriele mit seinem Handylicht in die verborgenen Ecken, um mir antike Brunnen, Pflaster und Sitzgelegenheiten zu zeigen.

Ich stelle mir vor, wie die antike Gesellschaft in weiten Gewändern zum Theaterbesuch flaniert, wie die Sandalen über das römische Pflaster eilen. Nichts davon ist jetzt mehr zu sehen oder zu hören. Aber genau hier war es. Mit ein wenig Fantasie erwachen diese freigelegten Steine zum Leben. Achten Sie mal, wenn Sie wieder oben sind, auf die abschüssige Via dei Gondi. Die Tatsache, dass die Straße Richtung Osten abfällt, ist tatsächlich der unterirdischen Architektur geschuldet: Unter ihr liegen die Stufen, die hinab ins große römische Theater führten.

Lassen Sie sich diesen Einblick in die florentinische Antike nicht entgehen, und nehmen Sie Ihre Fantasie, Ihre Vorstellungskraft mit hinunter. Schon 2024 dürfte die Ausgrabungsstätte für die Öffentlichkeit wieder zugänglich sein.

WIEDERVERWERTUNG IM GROSSEN STIL

Das riesige römische Theater wurde wahrscheinlich im Zuge der städtischen Umstrukturierung in der Kaiserzeit zu Beginn des 2. Jahrhunderts n. Chr. gebaut. Schätzungsweise bis zu 10 000 Zuschauer fanden hier Platz, was das immense Wachstum der Stadt zeigt. Das Theater war bis zum 5. Jahrhundert n. Chr. aktiv, doch mit dem Zusammenbruch des Römischen Reiches 476 n. Chr. verfiel es zusehends. Im Mittelalter wurden die Bau- und Dekomaterialien geplündert, und das antike Mauerwerk bekam neue Funktionen: Müllhalden, Begräbnisstätten, Tierställe. Durch den Bau und die Erweiterung des heutigen Palazzo Vecchio verschwanden die Überreste des römischen Theaters endgültig in der Versenkung. Erst in der zweiten Hälfte des 19. Jahrhunderts tauchten Teile des römischen Florentia allmählich wieder auf, als bei der Verlegung der italienischen Hauptstadt nach Florenz viel in der Stadt modernisiert und entkernt wurde. Seit den späten 1990er-Jahren sind Archäologen intensiv mit den Ausgrabungen beschäftigt, eine große Grabungskampagne fand von 2004 bis 2010 statt.

Was und wo?

Giardino di Boboli

Der große Renaissancegarten hat
vier Eingänge: Palazzo Pitti, Forte
di Belvedere, Annalena an der Via
Romana und Porta Romana.

- www.uffizi.it/giardino-boboli
  Geöffnet meist 8.15–18.30,
  Juni–Aug. bis 19.10, Nov.–Feb. bis
  16.30 Uhr. Jeden ersten und letzten
  Montag im Monat geschl.
  Eintritt 10 Euro (inkl. Besuch des
  Giardino Bardini), Kombiticket mit
  Palazzo Pitti 22 Euro, Kombiticket
  mit Palazzo Pitti und Uffizien
  38 Euro.

Giardino Bardini

Eingänge am Palazzo dei Mozzi
(Via dei Bardi 1r) und an der
Villa Bardini (Costa San Gior-
gio 2), dort auch Übergang in den
Boboli-Garten.

- www.villabardini.it
  Tgl. 10–20 Uhr. Jeden ersten und
  letzten Montag im Monat geschl.
  Eintritt 10 Euro (inkl. Besuch des
  Giardino Boboli)

Chiesa di Santa Maria Maggiore

- Vicolo di Santa Maria Maggiore 1

Santa Maria delle Grazie

- Lungarno Diaz 10

Palazzo Vecchio

- Piazza della Signoria
  Tel. +39-055-276 82 24 oder
  +39-055-276 85 58
  cultura.comune.fi.it/musei
  Öffnungszeiten Palast tgl. 9–19,
  Do nur bis 14 Uhr; Turm 9–17, Do
  nur bis 14 Uhr
  Eintritt Palast 12,50 Euro, mit Sonderausstellungen 17,50 Euro; Eintritt Turm 12,50 Euro. Reservierung
  online oder telefonisch mit festge-
  legter Eintrittszeit obligatorisch.

TIPPS

WEITERE GRÜNFLÄCHEN UND ANDERE ORTE ZUM RUNTERKOMMEN

Giardino delle Rose

Der kleine, hübsche Garten unterhalb des Piazzale Michelangelo mit
ruhigen Sitzgelegenheiten und einem kleinen Getränkestand ist ein
Geheimtipp für Blumen- und Na-
turliebhaber. Im Sommer blühen
Hunderte Rosenvarianten. Eines
der ausgestellten Werke des bel-
gischen Künstlers Jean-Michel
Folon im Garten heißt »Partir«,
also »aufbrechen«. Gehen Sie also
am besten kurz vor Ihrer Rückreise
dorthin: Die Umrisse eines über-

dimensionalen Koffers packen
Ihnen im übertragenen Sinn
den Blick auf Dom und Palazzo
Vecchio ein.
• Viale Giuseppe Poggi

**Giardino dei Semplici (Orto
Botanico di Firenze)**
Einer der ältesten botanischen
Gärten der Welt, angelegt im
16. Jahrhundert unter Cosimo I.
de' Medici.
• Via Pier Antonio Michele 3

Parco delle Cascine
Neben 118 Hektar Grünfläche für
Sport, Picknick und Ruhe bietet
das ursprüngliche Landgut der Medici-Familie am rechten Ufer des
Arnos außerdem auch Kultur – mit
dem Sitz des Florentiner Opern-
hauses und als Austragungsort des
ältesten Musikfestivals Italiens.
• Piazzale delle Cascine

Orti del Parnaso
Der höchste Abschnitt des Giardino dell'Orticultura, ein bisschen
außerhalb des Zentrums, ist einen
Besuch wert – allein schon wegen
der spektakulären »Drachentrep-
pe« und der wunderschönen Sicht
auf die Stadt.
• Via Trento 11

Yoga über den Dächern der Stadt
Simone Agnoloni bietet in einem
Loft mit Terrasse und sensationel-
lem Blick auf die Domkuppel Yoga-
kurse an.
• Via dell Oriuolo 3
  Kontakt: Tel. +39-328-777 97 92

Todo Modo
Café, Enoteca und Bibliothek in einem. Man kann eine Tasse Kaffee
oder ein Glas Wein trinken, Kleinig-
keiten essen und nebenbei in (nicht
nur italienischen) Büchern schmö-
kern. In aller Ruhe, ohne Druck.
Wer eintritt, spürt sofort: Hier
ticken die Uhren anders.
• Via dei Fossi 15R

L'Ornitorinco
Bücher lesen und dabei Wein trin-
ken in San Frediano.
• Via di Camaldoli, 10r

Ästhetik für Augen und Nase: Schade, dass es aus diesem Buch nicht herausduften kann. Denn in Florenz kommt auch der Geruchssinn voll auf seine Kosten.

8

Der Duft von Florenz

Basilica di
Santa Maria
Novella

Farmacia
SS. Annunziata
dal 1561

Officina Profumo-Farmaceutica
di Sta. Maria Novella

Antica Spezieria
Erboristeria San Simone

Arno

Piazza della
Signoria

Ponte
Vecchio

Aquaflor

Ponte
alle
Grazie

Boutique e Museo
Lorenzo Villoresi

Giardino dell'Iris

Dufterlebnisse in einem ehemaligen Kloster
nahe des Bahnhofs, die Florentiner Iris und ein
Weltreisender, der ein Parfümmuseum gründet.

Oasen für die Sinne

Unweit des Bahnhofs steht eine der berühmtesten Basiliken der Toskana, die gotische Santa Maria Novella, Namensgeberin für den Bahnhof. Sie gehört mit dem Innenraum voller renommierter Kunstwerke, der Marmorfassade von Leon Battista Alberti und den zahlreichen Kapellen mit bedeutenden Fresken zu den am häufigsten besuchten Orten der Stadt. Auch der große Platz davor ist beliebt, um zu flanieren, sich auszuruhen, ein Gläschen zu genießen.

Nur wenige Schritte entfernt erwartet Sie ein Wunder der Farben und Düfte, ein Highlight für die Sinne. Die Kirche hinter sich, gehen Sie zum anderen Ende des Platzes und biegen rechts in die Via della Scala ein. Die eher unscheinbare Straße führt vorbei an kargen Bars, kleinen Goldschmiedeläden und Drei-Sterne-Pensionen. Plötzlich steht rechts ein großer, gut gebauter Mann im Anzug und mit Sonnenbrille. Wäre es Abend, könnte man ihn für den Türsteher eines Nachtclubs halten.

Officina Profumo-Farmaceutica di Santa Maria Novella

Seine strenge Miene hellt sich auf, als ich mit »Buongiorno« und fragendem Blick grüße. Freundlich lächelnd lässt er mich eintreten. Ich gehe in einen langen, fensterlosen Gang, der überdacht ist von weißen Blumen. Eine solche Blütenpracht nach der grauen Straße, in der ich eben noch war! Nichts an ihr war glamourös, und nun plötzlich befinde ich mich unter einem glänzenden Himmel aus Blüten – der wahrscheinlich im nächsten Monat schon wieder eine andere Farbe haben wird. Mehrmals im Jahr wird hier nämlich alles neu dekoriert, immer angepasst an die jeweilige Jahreszeit, Saison oder Festivität. Ein wohltuender, schwer zu definierender Duft durchdringt meine Nase. Am Ende des Ganges tut sich eine eigene Welt auf: ein Saal, der mit seiner gotischen Architektur, den beeindruckenden Fresken und seiner Ruhe zunächst an eine Kirche erinnert.

Kein Wunder, hier stehen wir inmitten einer ehemaligen Kapelle des früheren Klosters von Santa Maria delle Vigne. Und schon kurz nach

Betreten wird einem klar, dass dies ein besonderer Ort ist: Der Trubel des nahe gelegenen Bahnhofs scheint viel weiter weg zu sein als ein paar hundert Meter. Eine Mischung aus Ruheoase und Drogerie, Museum und Parfümerie oder einfach nur eine kostenlose Möglichkeit, kurz die Sinne zu beleben im Trubel der Großstadt!

Die älteste Apotheke Europas

Ein von außen völlig ungeahntes Reich verbirgt sich hier. Mehrere Räume tun sich auf, überall stehen freundlich lächelnde Damen in dunklen Hosenanzügen. Ein Duftmix aus Kräutern, Blumen und Seife empfängt die Besucher hier in einer der ältesten Apotheken der Welt: der Officina Profumo-Farmaceutica di Santa Maria Novella.

Hier haben Dominikanermönche schon im 13. Jahrhundert ihre Kräuter sortiert, mit denen sie Medikamente, Salben und Tinkturen für ihre Patienten auf der Krankenstation des benachbarten Klosters (heute übrigens Sitz der Carabinieri) herstellten. Seit 1612 ist in der Apotheke auch die Öffentlichkeit zugelassen, und heute wirkt der Ort eher wie eine Mischung aus Museum und hochwertiger Parfümerie. Überall sind Menschen, die das Gewölbe des ersten Saals bestaunen, an kleinen Flakons schnuppern und Fotos von beidem machen. Dennoch hat man hier nicht das Gefühl, von Touristen überrannt zu werden. Dafür sorgt der Mann im Anzug vor dem Eingang. Er lässt immer nur eine bestimmte Anzahl von Menschen herein.

Seifen, Lotionen, Wässerchen und Cremes – ich kann mich kaum »sattriechen«.

Besonders beeindruckend sind die Fresken in der ehemaligen Sakristei.

Die Musik aus den Lautsprechern spielt angenehme klassische Musik. Die Kundenberaterinnen sprechen ruhig. Eine ehrfürchtige Stimmung herrscht unter den beeindruckten Besuchern, so als müsse man leise sprechen und alles vorsichtig anfassen, um das Erbe der Dominikanermönche zu ehren. Ein wunderschöner Moment inmitten der lauten Stadt.

Gerade der erste Verkaufsraum beeindruckt durch seine Architektur und sein Gewölbe; die frühere Kapelle wurde erst 1847 zum Verkaufsraum umgestaltet, die Holzmöbel stammen aus dem 14. Jahrhundert.

Im Jahr 1334 wurde diese Kapelle von dem reichen Florentiner Dardano Acciaiolo finanziert, der sich damit für seine Genesung bedanken wollte: Obwohl zuvor Ärzte versagt hatten, sollen die Dominikanermönche den Kaufmann mit Extrakten der Bärentraube aus ihrem Klostergarten geheilt haben.

Wohltuendes Wasser

Seit dem Mittelalter werden hier Heilmittel und Duftwässerchen hergestellt, seit vier Jahrhunderten auch hochwertige Düfte, Seifen und Körperpflegeprodukte, die den Namen Santa Maria Novella zum Luxuslabel gemacht haben. Das berühmte Acqua di Rose, das Rosenwasser, wurde von den Mönchen schon zu Zeiten der Pest als Desinfektionsmittel angewendet und ist auch heute noch als Wellnessprodukt erhältlich.

Mittlerweile gibt es das belebende, alkoholfreie Wasser im Sprühflakon auch in anderen Noten – Minze, Blüten oder Orange zum Beispiel.

Das berühmte Acqua della Regina ist wohl der beliebteste und renommierteste Duft hier. Es ist eine Mischung, die auf eine lange Historie zurückblickt: im 16. Jahrhundert wurde der Duft eigens für Katharina de' Medici kreiert. Als sie 1533 durch die Heirat mit Heinrich II. Königin von Frankreich wurde, nahm sie nämlich nicht nur Bedienstete wie Koch, Friseur und Schneider mit ins Nachbarland, sondern auch ihren eigenen Parfümeur Renato Bianco.

Zur Hochzeit wünschte sie sich eine besondere Essenz – kurz darauf war L'Acqua della Regina geboren, und seit jenem Tag genießt das »Wasser der Königin« große Beliebtheit. Heute gibt es 100 Milliliter des royalen Wässerchens für 85 Euro. Dieses und weitere wohlriechende Produkte sprachen sich im 16. Jahrhundert im europäischen Hochadel schnell herum; Florenz kann deswegen noch vor Frankreich als Wiege der modernen Parfümherstellung bezeichnet werden.

Eine Mischung aus Ruheoase und Drogerie, Museum und Parfümerie

Wenn Sie in diesem ersten Raum stehen mit Blick zum benachbarten weitläufigen Kassenraum, dann geht es rechts in die Sala Verde, den grünen Saal. Hier liegen Potpourri-Arrangements, Seifen, Duftwässerchen hübsch drapiert auf den Verkaufsflächen und den edlen Holztischen. Allein die Ästhetik dieser Räumlichkeiten und der wohltuende Duft ringsherum sorgen für Entspannung. Das Highlight der Sala Verde ist die am oberen Teil der Wände verlaufende Porträtgalerie der Besitzer seit 1612; Gesichter aus fünf Jahrhunderten illustrieren die Historie dieses Orts. Linker Hand öffnet sich die Erboristeria mit Originalschränken, -möbeln und -krügen aus den früheren Jahrhunderten. Dies war bis ins 19. Jahrhundert der Hauptverkaufsraum.

In dieser Abteilung stehen Heilkräuter im Mittelpunkt. Die jahrhundertealte Tradition, Liköre und Essenzen fürs Wohlbefinden zu ver-

Blick in den Klostergarten der Farmacia di Santa Maria Novella

kaufen, besteht bis heute. Gegen nahezu alles gibt es hier ein Mittelchen: Kopfschmerzen, Beschwerden in der Menopause, Schlafstörungen. Und jeden Tag kommt internationale Kundschaft herein auf der Suche nach Lösungen für ihre individuellen gesundheitlichen Probleme und Zipperlein.

Am Ende dieses Raums ist ein wunderschöner Blick in den weitläufigen Klostergarten und auf den Kreuzgang zu werfen. Hier war früher der einzige Eingang der Mönche in die Apotheke; den heutigen Haupteingang über die Via della Scala gab es noch nicht. Falls Sie sich fragen, welche Funktion der Glaskasten oberhalb des Fensters hat: Dort soll früher ein Mönch gesessen und von oben die Arbeit der anderen kontrolliert haben. Gerade während ich mir bildlich vorstelle, wie er von dort oben herunterschaut auf die arbeitenden Kollegen, drängelt sich eine Chinesin ans Fenster und lässt sich mit dem grünen, blühenden Garten im Hintergrund fotografieren.

Ja, Florenz hat neben großer Kunst, atemberaubender Architektur und hervorragender toskanischer Küche mit der historischen Marke Santa Maria Novella sogar auf dem Gesundheits- und Wellness-Sektor Außergewöhnliches zu bieten. Kultur auf allen Ebenen – weltweit nachgefragt. Die Officina Profumo-Farmaceutica di Santa Maria Novella verkauft ihre Produkte mittlerweile auch online und in anderen Städten Italiens und der ganzen Welt (auch in Berlin gibt es eine Filiale).

Fresken selbst im Abstellraum

Die Vitrinen im benachbarten Museumsgang zeigen historische Geräte zur Herstellung von Salben und Duftwässerchen, alte Rezeptbücher, Originalkrüge, kleine Flakons zum Vorstellen der Düfte. Mit diesen gut verpackten Flakons im Gepäck besuchten die Mönche die noblen Häuser der Stadt – so funktionierten damals Marketing und PR.

Besonders beeindruckend finde ich die Sakristei direkt neben dem Museumsgang, die bis ins 17. Jahrhundert als Abstellraum für die Duftwässerchen genutzt und deswegen auch »Stanza delle acque« genannt wurde. Die Wände sind komplett mit Fresken von Mariotto di Nardo aus dem 14. Jahrhundert geschmückt, die die Passion Christi zeigen. Touristen aus aller Welt verweilen hier täglich, um mit erhobenem Blick das imposante Gewölbe zu studieren, so als stünden sie in einer der weltberühmten Kirchen der Stadt. Dabei sind sie Besucher einer Apotheke. Ein Abstellraum mit Fresken der Florentiner Gotik? So was gibt's wohl nur hier.

Iris – die Florentiner Blume für den Florentiner Duft

Ein beliebter Duft bei Santa Maria Novella ist auch L'Iris, der 2022 als erstes Eau de Parfum der Klosterparfümerie vorgestellt wurde. Damals hing im Eingangsbereich alles voller lilafarbener Blüten – eine wunderschöne Inszenierung.

Bereits in der Antike war diese seltene Pflanze bekannt. Sie wuchs in Ägypten und war sowohl im alten Griechenland als auch im

HÄTTEN SIE'S GEWUSST?

Nicht etwa die edlen Irisblüten werden für die Parfümherstellung verwendet, sondern die zunächst geruchlosen Wurzeln. Nach der Ernte werden sie gewaschen und in der Sonne getrocknet. Das erst aktiviert die Moleküle, die für den charakteristischen Irisduft verantwortlich sind. Eine jahrelange Reifung folgt darauf – ähnlich wie in einem Weinkeller. Anschließend werden die Wurzeln zu feinstem Puder zermahlen und mit heißem Dampf in Wasser gelöst. Kondensieren und Dekantieren trennen das Wasser vom Öl, und das Öl verfestigt sich beim Abkühlen schließlich zur kostbaren Irisbutter.

Die Florentiner Lilie in einem Blumen-
beet auf dem Piazzale Michelangelo

alten Rom beliebt. Im Mittelalter verwendeten Alchimisten die Knolle der Blume wegen ihrer kostbaren schmerzstillenden Substanzen, und in der Renaissance lieferten ihre Blätter den Künstlern grüne Farbe. Außerdem wurde die Iris bzw. ihre Knolle schon früh unverzichtbar in der Parfümherstellung.

In Florenz hat die Blume zudem eine besondere Bedeutung, denn die Iris, auch Schwertlilie genannt, ist als stilisierte Blume seit rund 800 Jahren Mittelpunkt des Stadtwappens: eine wunderschöne Blüte als Symbol von Florenz. Dass Blumen hier seit der Antike eine große Rolle spielen, verrät schon der römische Name: Florentia, nach Flora, der Göttin der Blüte. Schwertlilien sind hier offenbar schon immer wild gewachsen. Abgesehen davon steht die Iris für Reinheit und Treue und ist ein klassisches Symbol im Marienkult – auch ein Zeichen dafür, wie sehr die Religiosität in der Stadt verankert war und ist.

Ein buntes Blütenparadies in Oltrarno

Hunderte Irissorten aus aller Welt kann man im Giardino dell'Iris bestaunen, allerdings nur für ein paar Wochen im Jahr: Nur zur Blütezeit im April und Mai ist die rund 25 000 Quadratmeter große Anlage geöffnet, doch dann bietet sie sich für einen ebenso romantischen wie sinnlichen Spaziergang an.

Direkt rechts am Piazzale Michelangelo führen hinter einem Tor ein paar Stufen hinunter in den Eingangsbereich des Gartens. Nach einer (freiwilligen) Spende am Eingang betritt man die großzügige Anlage mit Blick auf die Stadt. Bunte Blüten lachen einem entgegen, zahlreiche Wege führen hinab in die farbenfrohen Hänge.

Seit 1957 kommen jedes Jahr um diese Zeit Iriszüchter aus aller Welt und präsentieren ihre Hybriden. Danach bleiben die Pflanzen des Wettbewerbs in der Anlage, weshalb es hier mittlerweile mehr als 2000 Irisarten in verschiedensten Farben gibt. Eine einzigartige Szenerie. Hobbymaler und Profikünstler sitzen mit Staffelei, Sonnenhut und bunten Farbkästen im Schatten der Bäume und versuchen, dieses Blütenmeer mit dem Pinsel einzufangen. Was für ein Idyll mitten in der Touristenmetropole!

Ich setze mich auf ein Mäuerchen, schaue in die Sonne und beobachte, wie der Irisgarten nach und nach auf dem zu Beginn noch schneeweißen Blatt auf der Staffelei erscheint. So wie hier muss es früher im ganzen Umland der Stadt ausgesehen haben, als die Landschaft noch unberührt und ursprünglich war. Was für eine wunderschöne Vorstellung!

Inspiriert vom Nahen Osten

Ägypten, frühe 80er-Jahre des 20. Jahrhunderts. Ein junger Mann reitet auf einem Kamel. Die Pyramiden von Gizeh hat er bereits besucht. Sein Studium der Philosophie liegt hinter ihm. Nun will er die Welt sehen und erforschen. Er reist nach Nordafrika und in den Nahen und Mittleren Osten. Neben seinen Forschungsarbeiten faszinieren ihn vor allem die Essenzen, denen er dort begegnet. Was auf diesen Reisen mit ihm passiert, damit hat keiner gerechnet, wohl am wenigsten er selbst: Er verliebt sich. Nicht in ein Mädchen aus 1001 Nacht, sondern in die Düfte des Orients. Kümmel, Minze, Kardamom und Hunderte andere Gewürze sieht und riecht er damals hautnah. Zum ersten Mal bekommt

Ruhe und Entspannung im Irisgarten

er hier auf eindrückliche Weise vor Augen geführt, wie die dazugehörigen Pflanzen wachsen, wie sie aussehen. Pflanzen, die in diesen fernen Ländern seit Jahrtausenden zur Parfümherstellung verwendet werden.

Ein ganzes Leben den Düften gewidmet

Er reibt ein Zitrusblatt zwischen seinen Fingern, kurz darauf dringt der ursprüngliche konzentrierte Duft der Zitrusfrucht in seine Nase. Diese Erfahrungen lassen ihn nicht kalt. Der junge Florentiner Lorenzo Villoresi kehrt als ein anderer nach Hause zurück. Die Düfte und Kräuter des Orients haben ihn nachhaltig beeinflusst. Er bringt sie mit in seine Heimat und experimentiert mit ihnen. Er widmet sich der Geschichte dieser Gewürze, die bis weit in die Antike zurückreicht; als studierter Psychologe und Philosoph interessierten ihn auch die Wirkung eines Duftes auf andere Menschen, seine Ästhetik und die seiner Verpackung. Mit seiner Frau Ludovica beginnt er, systematisch Gewürze zu sammeln und selbst einige anzupflanzen – auf der großen Terrasse des Hauses seiner Nonna, der Großmutter, in dem er noch als Student gewohnt hat, mitten in Florenz Oltrarno.

Genau dort auf dieser Terrasse stehen auch heute, rund 40 Jahre später bei meinem Besuch, noch riesige Pflanzentöpfe. Gepflegte Gewächse von Bergamotte bis Pfeffer. Und in dem dazugehörigen Palazzo, in dem er früher wohnte, kreiert er seit 1990 seine

HÄTTEN SIE'S GEWUSST?

Duftende Kosmetik war zunächst in Ägypten, Mesopotamien und Persien bekannt und wurde später von den Römern und Arabern übernommen. Tinkturen aus Zitronen, Rosmarin, Minze und Rizinusöl waren schon in der Antike sehr beliebt. Gerade die Römer machten großen Gebrauch von Kosmetika und Parfüms und verbreiteten sie in ihrem Imperium. Das christliche Abendland erreichten die Düfte aus dem Vorderen Orient und dem Fernen Osten durch die Kreuzzüge im Mittelalter. Anschließend spielten die europäischen Seefahrer sowie die Handelsstadt Venedig eine wichtige Rolle bei der Verbreitung der neuen Gewürze und Duftstoffe.

eigenen Aromen. Es gibt teure, auf Einzelpersonen angepasste, aber auch zig preiswertere Düfte für jedermann.

Weltweiter Erfolg

Die sympathische Elisa empfängt mich in der Boutique. Hier liegen so viele angenehme Duftnoten in der Luft, dass man sich sofort wohlfühlen muss. Duft und Parfüms sind ja eigentlich sehr subjektiv, dennoch ist es hier gelungen, eine Atmosphäre zu schaffen, die vermutlich jeder als äußerst

Elisa gibt mir ein paar tiefe Einblicke in das Reich der Düfte.

angenehm empfindet. Im Nebenraum wartet Ludovica, Lorenzo Villoresis Ehefrau, die aber vor den Angestellten nicht als Chefin auftritt. Es herrscht eine familiäre Atmosphäre. »Wir hätten in den letzten Jahrzehnten immer wieder die Möglichkeit gehabt, uns industriell zu vergrößern oder für andere größere Marken zu arbeiten, aber wir haben uns dafür entschieden, klein zu bleiben und die Dinge so zu betreiben, wie wir persönlich es für richtig halten«, sagt sie.

Groß rausgekommen sind sie trotzdem. In den 1990ern stand plötzlich ein weltberühmter europäischer Staatsmann mit seiner Frau vor der Tür. Da war die Marke zwar erst ein paar Jahre alt, doch nach einem großen Artikel in der »Sunday Times« über den Duftzauberer aus Florenz war Lorenzo Villoresi auch außerhalb Italiens zum Star geworden. Ludovica, die damals gerade das Atelier weißelte, öffnete die Tür in Arbeitskleidung und war völlig überrumpelt von dem hochkarätigen sonntäglichen Besuch. Freundlich bat sie um Nachsicht, dass sie gerade das Atelier streiche und deswegen niemanden empfangen könne, sie sollten in ein paar Tagen wiederkommen. Erst später realisierte sie, wem sie da gerade eine Abfuhr erteilt hatte, doch man nahm es ihr nicht übel. »Ein paar Tage später kamen die beiden tatsächlich wieder, und wir hatten einen wunderbaren Nachmittag, Lorenzos Düfte gefielen ihnen. Seitdem sind wir immer noch in Kontakt und schreiben uns jedes Jahr Weihnachtskarten«, erzählt sie schmunzelnd.

Seitdem sind viele prominente Kunden und Kundinnen dazugekommen, Hollywoodstar Nicole Kidman lobte Villoresis Duft Patchouli auf ihrem Blog beispielsweise so: »Mary Ellen Mark, die Fotografin, roch göttlich, als ich mit ihr für den Film ›Stoker‹ drehte. Ich fragte sie, welches Parfüm sie trug, und es war genau dieser Duft.«

Mittlerweile hat sich die Marke zu einem Duftimperium entwickelt, das Parfüms, Raumessenzen und Potpourris in mehr als 40 Ländern verkauft und dennoch persönlich und familiär geblieben ist.

Die Werkstatt des Duftmagiers

In seinem Atelier unterm Dach stehen Hunderte kleine Fläschchen, eine Präzisionswaage, zig Glasröhrchen und Reagenzgläser. Hier entstehen seine Düfte an einem alten massiven Schreibtisch. An der Wand hängen

Bilder von seinen Reisen aus den frühen 1980ern: Villoresi in der Wüste und auf dem Bazar. Auf einer alten Schwarz-Weiß-Fotografie sind sogar seine Eltern auf Kamelen zu sehen. Im Regal daneben stehen Preise und Auszeichnungen, und hier hat er den weiten, unvergleichlichen Blick über sein Florenz. In diesem Raum mixt Lorenzo Villoresi so lange, bis ihm ein Duft hundertprozentig zusagt. Das kann auch mal Jahre dauern, gibt er zu. Produziert und befüllt werden die immer gleichförmigen Flakons mit hohem Wiedererkennungswert dann in Sesto Fiorentino, in der Nähe von Florenz.

Der Meister zeigt mir seine Werke.

Museum der Düfte

Zusätzlich zu seiner Boutique, einem in seiner Ästhetik beeindruckenden Verkaufsraum, und seinem persönlichen Büro, wo die Düfte entstehen, lässt Villoresi seit 2019 die Welt auch generell an der Geschichte
des Parfüms teilhaben – Lorenzo Villoresi hat ein Museum und eine
Akademie der Parfümkunst eröffnet.

Im Untergeschoss desselben Hauses in der Via de' Bardi tut sich also
dieses überraschend große Reich auf. Hier geht es nicht darum, wie man
glauben könnte, die Marke Villoresi zu präsentieren und zu promoten.
Im Mittelpunkt stehen in diesem Museum vielmehr die Düfte aus aller
Welt, die Parfümkunst an sich und die beeindruckende Historie des Parfüms. Es geht vor allem auch darum, dem Besucher in mehreren Räu-
men dieselben Eindrücke zu vermitteln, die Villoresi selbst als junger
Mann auf seinen vielen Reisen gesammelt hat. Wo sonst kann man mal
eben direkt hintereinander an Zedernholz, Bienenwachs, Safran und Ta-
bakblättern schnuppern? Mein Geruchssinn genießt vor allem die Duft-
fläschchen »Jasmin«, »Basmatireis« und »Wassermelone«.

Düfte sind das Tor zur Seele des Menschen. (Lorenzo Villoresi)

Außerdem lernt man hier, dass neben Sekreten auch Fäkalien verschiedener Tiere als unverzichtbare Zutaten für Parfüms gelten können. Eine
Oase mit herrlichen Düften, schwer zu definierenden Aromen und auch
gewöhnungsbedürftigen Gerüchen. Der olfaktorische Sinn kommt hier
voll auf seine Kosten.

Ein beeindruckender Ort. Gewürzgarten, Aussichtsterrasse, eine edle
Boutique und ein Museum mit Liebe fürs Detail – ein Besuch in dieser
Anlage passt bestens zur allgemeinen Ästhetik dieser Stadt und kann
doch dabei helfen, mal kurz dem Trubel im vollen Centro storico zu
entkommen und im wahrsten Sinne des Wortes »durchzuatmen«. Und
wer sich für Ästhetik, Schönheit, Düfte und im Allgemeinem für Geschichte interessiert, ist hier sowieso genau richtig. Nehmen Sie sich Zeit
für diesen Abstecher.

Was?

Florenz als Stadt der Düfte kennenlernen: in einer ehemaligen Klosterapotheke, dem Irisgarten auf der linken Seite des Arnos und einem Museum, das sich ganz Düften und Parfüms widmet.

Wo und wann?

Officina Profumo-Farmaceutica di Santa Maria Novella
• Via della Scala 16
 Tel. +39-055-21 62 76
 eu.smnovella.com
 Tgl. 10–20 Uhr

Giardino dell'Iris
• Via Michelangelo Buonarroti 82
 societaitalianairis.com/chi-siamo/giardino
 Geöffnet zur Blütezeit im April/Mai tgl. 10–18 Uhr
 Eintritt frei

Der »Alchimist« Raffaele De Dominicis von Aquaflor

Boutique e Museo Lorenzo Villoresi
• Via de' Bardi 12
 Tel. +39-055-234 07 15
 museovilloresi.it
 Geöffnet Mo–Sa 10.30–16.30 Uhr, nur nach vorheriger Anmeldung als geführte Tour. Eintritt 18 Euro, verschiedene Ermäßigungen für Kinder, Studenten, Senioren.

TIPPS

AUCH DIESE DÜFTE SIND EINEN BESUCH WERT

Aquaflor
Die bekannte Nischenduftmarke residiert in einem altehrwürdigen Renaissancepalazzo im Santa-Croce-Viertel. Hier sind Parfümworkshops und eigene Parfümkreationen möglich. Nur wenige Schritte entfernt von den eleganten Verkaufsräumen kann man einem Alchimisten über die Schulter schauen: Raffaele De Dominicis mixt hier in einem kleinen Kellerräumchen verschiedene Essenzen und erklärt interessierten Passanten die Kunst hinter der Parfümherstellung sowie die chemischen Vorgänge.
• Borgo di Santa Croce 5
 www.aquaflor.it

Farmacia SS. Annunziata dal 1561

Die Geschichte der Farmacia lässt sich, wie der Name schon sagt, bis ins Jahr 1561 zurückverfolgen, als der Kräuterspezialist und Chemiker Domenico Brunetti die Apotheke in der Via dei Servi übernahm, die zuvor von Benediktinernonnen betrieben worden war. Später wechselte der Laden mehrmals den Besitzer, bis er in den 1970ern von der Familie Azzerlini erworben wurde, die sie nun seit Generationen betreibt. Hier gibt es auch den berühmten pudrig-süßen Duft, der nach dem Irisgarten benannt ist: »Giardino dell'Iris«.

• Via dei Servi 80r

  farmaciassannunziata1561.it

Antica Spezieria Erboristeria San Simone

Eines der ältesten Geschäfte der Stadt – seit Beginn des 18. Jahrhunderts spezialisiert auf Heilkräuter und Körperpflege. Wenn man den Laden betritt, hat man den Eindruck, die Zeit sei stehengeblieben: Zahlreiche Regale mit großen Vasen, vollgepackt mit unterschiedlichsten duftenden Kräutern, Gräsern und Heilpflanzen – noch heute werden die traditionellen Rezepte für die Herstellung von Heil-

Mit Fernanda Russo in der Antica Spezieria Erboristeria San Simone

wässerchen und Tinkturen verwendet. Inzwischen werden zudem auch mehrere Parfümlinien angeboten. Und man kann sich sein eigenes Parfüm kreieren (lassen). Die Besitzerin Fernanda Russo kommt eigentlich aus Apulien, lebt aber seit 1993 für diesen charmanten Laden. Gerade seit der Pandemie, sagt sie, scheint die Kundschaft noch sensibler für Düfte und wohlriechende Heilpflanzen geworden zu sein, noch mehr nach Ästhetik, Harmonie und Wellness zu lechzen.

• Via Ghibellina 190

  www.anticaerboristeriasansimone.it

Von den großen Korridoren in den Uffizien gehen seitlich die Ausstellungsräume ab. Sitzbänke laden zum Ausruhen ein.

9

Uffizi diffusi: verstreute Kunstwerke

Eine Lautsprecherstimme im Innenhof der Uffizien, ein Deutscher, der mit seinen Ideen große Spuren hinterlässt, und ein Geheimgang, der nun für alle sichtbar ist.

Ein Museum geht auf die Dörfer

Seine eleganten Schuhe klappern dezent auf dem Steinboden dieser weltberühmten Räume. Viele der Besucher schauen ihm hinterher, denn er fällt auf: wegen seines eleganten Anzugs, seiner stattlichen Körpergröße und seines selbstbewussten Auftretens. Der große Mann (geschätzt 1,95 Meter) durchschreitet die Gänge der Galleria degli Uffizi zügig. Sein entschiedener Schritt verrät, dass er weiß, wo er hinwill. Freundlich grüßt er die Unbekannten, sie lächeln schüchtern zurück und schauen ihm weiter hinterher. »Il direttore«, höre ich an einer Ecke flüstern.

HÄTTEN SIE'S GEWUSST?

Die wohl schönsten ehemaligen Büros der Welt

Die Uffizien, eines der weltweit bedeutendsten Museen, waren ursprünglich ein Bürogebäude. Der Name verrät's: Ufficio heißt auf Italienisch Büro, und genau dazu diente der Mitte des 15. Jahrhunderts von Giorgio Vasari entworfene u-förmige Gebäudekomplex: Büros der Florentiner Stadtverwaltung wurden hier untergebracht. Das Obergeschoss hingegen entwickelte sich schon bald zur Privatgalerie und Kunstsammlung der Medici. 1743 wurde die Galerie dann als Museum der Öffentlichkeit zugänglich gemacht.

Mit Dr. Eike Schmidts zweiter Amtszeit wird auch eine Ära zu Ende gehen, die in den Uffizien für viel frischen Wind, bleibende Veränderungen und mehr als vier Millionen Besucher im Jahr gesorgt hat.

Ich folge ihm und fühle mich recht wohl in seinem Windschatten, beobachte, wie er im Vorbeigehen eine auf dem Gang sitzende Mitarbeiterin mit einem kurzen, liebenswerten Blick rügt, die statt auf die Museumsbesucher lieber auf ihr Display schaut. »Da ist das Handy mal wieder interessanter«, schmunzelt er leise in meine Richtung. Na gut, denke ich mir, sie sitzt ja auch jeden Tag hier. Jeden Tag – Arbeitsplatz Uffizien. Mein Mitleid hält sich in Grenzen.

Mit Dr. Eike Schmidt vor Bandinellis Laokoon im dritten Korridor der Uffizien

Und ich frage mich: Kann man sich sattsehen an all dieser weltberühmten, kostbaren Kunst? Tausende strömen täglich herein aus aller Welt – für einen Tag; die meisten Besucher kommen einmal im Leben hierher. Und bleiben mit offenen Mündern stehen. Überall hängen und stehen Kunstwerke, das riesige Gebäude an sich ist schon ein Kunstwerk. Man muss kein Kunsthistoriker sein, um zutiefst beeindruckt zu sein. Michelangelos und Leonardos, so weit das Auge reicht, daneben Dürers und Botticellis – die Uffizien bieten eine Reizüberflutung der Superlative.

Ein Tag reicht eigentlich nicht, um all diese Meisterwerke der Renaissance zu sehen und – sie zu schätzen. Dieser Schatz begann einst als Kunstsammlung der Medici und ist jetzt einer der weltweit bekanntesten und meistbesuchten Orte.

Wir kommen unserem Ziel näher: der Laokoon-Gruppe am Ende des scheinbar nie enden wollenden westlichen Korridors. Hier, vor der beeindruckenden Kopie einer der berühmtesten antiken Skulpturen, wollen Eike Schmidt und ich ein gemeinsames Foto machen. Ich drücke seiner Assistentin mein Handy in die Hand.

Der scheidende Museumsdirektor positioniert sich mit mir vor der riesigen Marmorskulptur des Renaissancekünstlers Baccio Bandinelli. Professionell lächelt er in meine Kamera, für einen Moment scheint der charismatische Deutsche der berühmten mythologischen Figur die Schau zu stehlen, ohne es zu wollen. Die Touristen schauen zu, wie wir unser Foto machen. Und Laokoon, seine Söhne und ihr Leiden rücken für ein paar Sekunden in den Hintergrund.

Wer diesen Mann in den acht Jahren, die nun hinter ihm liegen, an seinem Arbeitsplatz erlebt hat, bekam schnell den Eindruck: Hier war jemand absolut zur richtigen Zeit am richtigen Ort. Dabei hatte er es zu Beginn schwer – als erster deutscher Direktor der Uffizien. Die Florentiner waren zu Beginn sehr skeptisch ihm gegenüber. Das tat seinem Selbstbewusstsein jedoch keinen Abbruch. Im Gegenteil.

Die Stimme im Cortile degli Uffizi

Ein milder Frühlingsmorgen im Jahr 2016, die Schlange vor dem berühmtesten Kunstmuseum der Stadt ist wie immer lang. Im Innenhof stehen viele Touristen, darunter auch Porträtmaler und Schausteller, die vermeintliche Markentaschen und buntes Kinderspielzeug verkaufen.

Im Hof der Uffizien bieten Porträtmaler und Karikaturisten ihre Dienste an.

Außerdem werden hier Eintrittskarten für die Uffizien abseits der Warteschlangen angeboten. Einige internationale Touristen nehmen das gerne wahr und kaufen die Tickets. Der Preis scheint ihnen egal zu sein, Hauptsache sie kommen endlich in die Uffizien.

Plötzlich ertönt ein Gruß aus den eigens für diese Ansage aufgestellten Lautsprechern: Auf Englisch und Italienisch warnt eine sonore Stimme mit leicht deutschem Akzent vor Betrügern, die überteuerte Tickets anbieten. Höflich und bestimmt informiert die Stimme gleichzeitig über die Original-Eintrittspreise. Die Menschen sind verwirrt, wer spricht denn da zu ihnen? Und wie konnten sie auf Abzocker reinfallen? Die Betrüger suchen daraufhin schnell das Weite. Und die Touristen sind dankbar. Die tiefe Stimme, die an diesem Frühlingsmorgen den Innenhof des berühmten Museums erfüllt, gehört Eike Schmidt, damals frisch gebackener Direktor der Uffizien. Die Aktion macht ihn bei den Touristen sofort beliebt. Nicht aber beim Bürgermeister.

Ein Mann mit Rückgrat

Heute kann er darüber lachen, damals aber erschrak er erst einmal, als kurz darauf Post von der Comune ins Haus flatterte. Werbung ohne Genehmigung habe er betrieben – da sei eine Strafzahlung von 420 Euro fällig. Doch Schmidt ließ sich nicht einschüchtern. Mit demselben flotten Schritt, mit dem er mich heute durch die Uffizien führt, marschierte er damals zur Bank bei der Piazza della Signoria, stellte sich in die Schlange am Schalter, zückte sein Portemonnaie und beglich brav und medienwirksam seine Strafe.

Mit diesem souveränen Auftritt hatte man bei der Comune wohl nicht gerechnet. Die Aktion machte ihn letztendlich nicht nur bei Touristen beliebt, sondern verschaffte ihm auch bei den Florentinern viel Respekt. »Das hast Du toll gemacht, hier hast Du auch zehn Euro von mir«, hatte man ihm beim Verlassen der Bankfiliale mehrfach kumpelhaft angeboten. Schmidt lehnte dankend ab. Seitdem haben die Florentiner ihn ins Herz geschlossen.

Die Episode dieses Frühlingsmorgens zeigt das Durchsetzungsvermögen des gebürtigen Freiburgers, der übrigens schon als Junge mit seiner Oma gerne nach Florenz reiste und dann als junger Stipendiat erstmals in der Stadt lebte. Mit seiner manchmal unkonventionellen Art der Kunstvermittlung hat er in seiner Amtszeit zwischen 2015 und 2023 einiges bewegt in Florenz – eigentlich in ganz Italien. Auch dass er 2019 dem Kunsthistorischen Museum in Wien kurzfristig absagte, um hier in Florenz »weitermachen« zu können, dankte ihm die Stadt am Arno. Er werde weiterhin sein Bestes geben, »um die Uffizien zum schönsten Museum der Welt zu machen, obwohl sie es bereits sind«, sagte er den italienischen Medien damals. Was für eine schöne Liebeserklärung an den eigenen Arbeitsplatz.

Die Corona-Krise als Chance

Sogar die Pandemie – 2020 wurde die landesweite Schließung aller Museen verordnet – nutzte Schmidt. Er begann noch viel mehr als bisher, das Internet und soziale Medien einzusetzen, um auch mehr junge potenzielle Uffizien-Interessierte anzusprechen. Zudem stellte er einen Plan zur »Verstreuung« der Kunst vor, einer seiner größten Coups. »Uffizi diffusi« nannte er das. Seine Rechnungen gingen auf – erstmals seit Jahrzehnten überholten die Uffizien das Kolosseum in Rom als Besuchermagnet Nummer eins. Die Besucherzahlen verdoppelten sich innerhalb eines Jahres.

Im Gespräch mit Dr. Eike Schmidt

Herr Dr. Schmidt, Ihre zweite Amtszeit geht zu Ende, und Ihnen eilt ein exzellenter Ruf voraus! War das immer so?
Nein, als ich den Posten des Direktors antrat, waren die Florentiner anfangs sehr skeptisch. Bis ich die Lautsprecher aufstellte und dafür bestraft wurde. Die Geschichte kennen Sie ja …

Aber es kann nicht nur daran liegen, oder? Während Ihrer achtjährigen Tätigkeit in den Uffizien wurden bisher nie dagewesene Erfolge verzeichnet.
Mit meinem Team aus Architekten, Kunsthistorikern, Technikern, auch Sicherheitstechnikern überlegte ich damals: Was können wir tun, um die Besucher den Kunstwerken näherzubringen und umgekehrt. Also etwa im Leonardo-Saal, da sind jetzt nur drei Werke ausgestellt. Das waren vorher viel mehr. Die Leute waren verwirrt. Jetzt ist der Saal abgedunkelt, sodass die Leute nicht dazu verleitet werden, Selfies zu machen. Die Idee ist, das Museum wie eine Symphonie zu inszenieren – ein Spannungsbogen, in dem es auch mal lauter und dann wieder leiser wird.

Sie haben aber ja nicht nur all die Kunstwerke neu angeordnet?
Es gab in den Uffizien jahrelang keine Sitzgelegenheiten. Nun stehen darin Hunderte Bänke. Es gab Kritiker, die sagten: »Dann

setzen die Leute sich hin und erledigen ihre E-Mails.« Na gut, zwei oder drei Leute machen das, doch die meisten setzen sich, um die Werke anzuschauen.

Das Museum ist durch Sie publikumsfreundlicher geworden?
Wir haben auch das Museumscafé mit Terrasse neu gestaltet. Von dort scheint der Turm des Palazzo Vecchio zum Greifen nah zu sein. Außerdem gibt's ein weiteres Museumscafé am Eingang und am Ausgang. Besonders praktisch für Gruppen: Wenn einer noch länger im Museum verweilen möchte, der andere aber schon Fußball schauen oder im Internet surfen will – im Café können sie sich dann alle wieder treffen.

Apropos im Internet surfen – die sozialen Medien spielten in den letzten Jahren auch eine große Rolle für den zunehmenden Erfolg. Da haben Sie ja richtig Gas gegeben ...
Als ich hier anfing, waren die Uffizien wahrscheinlich das einzige große Museum der Welt, das keine eigene Website hatte. Mittlerweile sind die Uffizien im Internet mit zig Online-Ausstellungen und auf allen Social-Media-Kanälen präsent, sogar TikTok. Es gab

Von der Terrasse des Uffizien-Cafés auf der Loggia dei Lanzi blickt man zum nahe gelegenen Dom hinüber.

immer wieder Zuschriften von Eltern: »Ich habe jahrelang versucht, meine Kinder in die Uffizien mitzunehmen. Immer haben sie sich geweigert, und jetzt ist ein Wunder geschehen. Mein Kind sagt: »Ich will in die Uffizien – kommst Du mit, oder gehe ich allein mit meinen Freunden?«

Klasse! Viel mehr junge Besucher also. Die regulären Ticketpreise wurden zwar erhöht, doch die Besucherzahlen sind gestiegen.
Die Uffizien sind das Museum Nummer eins in Italien, wir müssen hohe Qualität liefern, und das hat seinen Preis. Wenn wir das vergleichen mit der Oper – wer in die Scala geht, zahlt 300 Euro pro Platz. 25 Euro ist dagegen doch sehr wenig, auch verglichen mit Fußball. Für 25 Euro kriegt man im Stadion nicht mal einen Stehplatz.

Und: Frühaufsteher werden belohnt?
Das Ticket Office öffnet um 8, und wer vor 8.55 Uhr ins Museum kommt, zahlt weniger – sogar in der Hochsaison. Wer zwischen 8 und 9 kommt, findet paradiesische Besuchsbedingungen vor.

Auch Sie selbst sind seit Jahren so früh unterwegs hier …
Wenn ich früh morgens durch die Galeriesäle gehe, die bis auf die Putzkolonnen leer sind, das ist schon fantastisch. Ein ganz besonderer Arbeitsplatz.

… der seit Jahrhunderten überquillt mit beeindruckender Kunst. Während des Lockdowns 2020 haben Sie das Konzept der sogenannten Uffizi diffusi entwickelt, der »verstreuten Uffizien«.
Ja, wir verbinden uns mit der gesamten Region Toskana und den Nachbarregionen. Wir haben viele unserer Werke aufs Land und in kleinere Städte transportiert. Es sind noch so viele Werke in den Depots, die können wir in den Uffizien gar nicht alle ausstellen. Zum Beispiel haben wir zu Beginn ein Dante-Porträt von Andrea del Castagno in den Geburtsort des Künstlers geschickt, der sonst nur bekannt ist für seinen Naturpark. Mittlerweile schauen sich die Besucher dieses Porträt an und unternehmen anschließend Wanderungen oder umgekehrt. So transformieren wir den Tourismus.

Und dadurch wird auch der Tourismus außerhalb von Florenz angekurbelt.

Genau, denn Florenz in der Hochsaison muss ja eher zurückgekurbelt werden. Aber wenn es in Florenz einfach nur weniger würde und die Leute stattdessen nach China oder in die Türkei reisen würden, das wäre auch nicht so toll. Wir wollten gemeinsam wachsen mit der Region.

Kamen denn manche Werke auch beliebig an einen Ort?

Beliebig auf gar keinen Fall, es muss immer eine Verbindung geben. Wir haben historisch begründbare Geschichten entwickelt. In manchen Fällen ist also das Kunstwerk dort, wo es ursprünglich herkam. Aber wir haben zum Beispiel auch eine große Altartafel von Raffael nach Pescia gebracht. Sie wurde zwar von Raffael nicht für den Dom von Pescia gemalt, aber von einem Prälaten aus Pescia für die Kathedrale erworben. Und jetzt ist sie, nach Jahrhunderten in den Uffizien, wieder dort.

Viel Arbeit, für jedes Werk die Details zusammenzusuchen ...

Ja, das war langwierig, aber spannend. Gut zum einen für die Touristen, zum anderen aber auch für die Menschen, die dort leben. Die müssen nicht den Zug nehmen und Schlange stehen, um in die Uffizien zu kommen und dann zu sagen: »Das kommt aus unserem Dorf« – nein, sie haben es vor Ort bei sich.

Das wertet das Dorf auf. Und Florenz tut's nicht weh ...

Genau, die ganze Region wird dadurch reicher. In den Uffizien ist alles so geballt, dass es keinem auffällt, wenn die Kunstwerke verstreut werden. Hier fehlt nichts.

Der Vasari-Korridor

Man hat zwei Paläste im Abstand von einem Kilometer, zwischen denen auch noch ein Fluss liegt, und möchte ungestört, ohne Gefahr und bei jedem Wetter zwischen der Hofresidenz und dem Sitz der Regierung hin-

Der Vasari-Korridor, gesehen vom 2. Stock der Uffizien aus

und hergehen. Was tut man? Cosimo I. de' Medici jedenfalls beauftragte 1565 den Hofmaler und Architekten Giorgio Vasari, einen Geheimgang zwischen den beiden Herrschaftssitzen der Medici zu bauen, und der geniale Künstler erledigte die Aufgabe innerhalb weniger Monate.

Wobei: Wirklich geheim ist der Gang nicht, denn er verläuft mitten in der Stadt vor aller Augen in luftiger Höhe vom Palazzo Vecchio über die Uffizien und den Ponte Vecchio bis zum Palazzo Pitti. Bereits existierende Gebäude wurden dabei entweder integriert oder umgangen – auf den Ponte Vecchio setzte Vasari einfach ein zweites Stockwerk, um die Torre Mannelli musste umständlich herumgebaut werden, weil sich die Familie Mannelli standhaft weigerte, ihren Familiensitz umbauen oder abreißen zu lassen. Der Gang erlaubte den Herrschaften zusätzlich einen Blick von oben auf die Stadt und ihre Bewohner.

Bisher war die kostspielige und exklusive Besichtigung des Vasari-Korridors einigen wenigen Tourveranstaltern vorbehalten, nun soll der Vasari-Korridor nach jahrelangen aufwendigen Restaurierungsarbeiten endlich wiedereröffnet werden. Er soll mit einem speziellen Kom-

EIN PAAR FAKTEN ÜBER DIE UFFIZIEN

Hätten Sie gewusst, ...

- ... dass die Uffizien ein **Geschenk** sind? Also, nicht nur für Kunstliebhaber im übertragenen Sinn, sondern tatsächlich. Anna Maria Luisa de' Medici war das letzte Familienmitglied der Medici, jahrhundertelang eine der mächtigsten Familien Europas. 1743 starb sie in Florenz und vermachte ihr gesamtes Hab und Gut der Heimatstadt – unter der Bedingung, dass es immer in Florenz bleiben müsse. Noch heute stellt dieses Erbe der Medici den überwiegenden Teil der weltberühmten Kunstsammlung in den Uffizien dar.
- ... dass die **»Mona Lisa«** auch schon mal hier war? Der Kleinkriminelle Vincenzo Peruggia, italienischer Mitarbeiter einer Pariser Glaserei, klaute Leonardos berühmtes Gemälde 1911 aus dem Louvre und schmuggelte es zurück in Leonardos Heimat. Beim Versuch, es in Florenz zu verkaufen, flog er auf und wurde festgenommen. Daraufhin war die »Mona Lisa« – vor ihrer Rückkehr nach Paris im Jahr 1914 – in einer außerordentlichen Leonardo-Ausstellung in den Uffizien zu bewundern.
- ... dass die Uffizien den sogenannten **Schlammengeln** von 1966 viel zu verdanken haben? Aus ganz Italien und aus dem Ausland kamen nach dem verheerenden Hochwasser spontan vor allem junge Menschen nach Florenz, um mitanzupacken und dabei zu helfen, Meisterwerke der Kunst zu retten. *Gli angeli del fango* – bis heute ein fester Begriff in der Stadt, dem man mit Dankbarkeit und Hochachtung begegnet.

biticket zugänglich für alle werden. Mit mindestens 500 000 Besuchern jährlich rechnete Eike Schmidt kurz vor der Wiedereröffnung.

Vom ersten Stock der Uffizien geht es in einem ungefähr halbstündigen Fußmarsch über den Ponte Vecchio und durch die Kirche Santa Felicità, bis der Gang schließlich beim Palazzo Pitti endet. Dort haben Besucher die Wahl zwischen dem Museumsangebot des Palazzo Pitti oder dem berühmten Boboli-Garten dahinter. Eine einzigartige Möglichkeit exklusiver Perspektiven auf die Stadt. So also haben sich die Mitglieder einer der reichsten Familien Europas einst gefühlt. Jetzt kann es jeder nachempfinden.

Was, wo und wann?

Galleria degli Uffizi

- Piazzale degli Uffizi 6
  Tel. +39-055-29 48 83
  www.uffizi.it
  Di–So 8.15–18.30 Uhr
  Eintritt März–Okt. 25 Euro, bei
  Eintritt vor 8.55 morgens 19 Euro,
  5-Tages-Pass inkl. Palazzo Pitti und
  Boboli-Garten 38 Euro; Nov.–Feb.
  12 Euro, 5-Tages-Pass 18 Euro

Palazzo Pitti

Der Palast enthält mehrere
Museen; insbesondere die Galleria
d'arte moderna und die Galleria
Palatina sind zu empfehlen.

1913 war Leonardo da Vincis »Mona
Lisa« in einer Sonderausstellung in den
Uffizien zu sehen.

- Piazza de' Pitti, 1
  www.uffizi.it/palazzo-pitti
  Öffnungszeiten und Eintritt
  siehe S. 180.

TIPPS

RENAISSANCEMALEREI UND MEHR MUSEEN

Wem die Renaissancemalerei nicht
reicht und noch die Skulptur der
Florentiner Blütezeit fehlt, der
muss in den **Bargello.** Das erste
nationale Museum des vereinten
Italiens beherbergt die weltweit
größte Sammlung toskanischer
Renaissanceskulpturen.

- Via del Proconsolo 4
  www.bargellomusei.beniculturali.it
  Geöffnet ab 8.15 Uhr, je nach Monat
  und Wochentag unterschiedliche
  Schließzeiten.
  Eintritt 10 Euro, Kombiticket mit
  allen an den Bargello angeschlosse-
  nen Museen 21 Euro

Wer erst mal genug Renaissancekunst gesehen hat, kommt im
Palazzo Strozzi auf seine Kosten.
Hier finden wechselnde Kunstausstellungen statt, oft auch mit moderner und zeitgenössischer Kunst.

- Piazza degli Strozzi
  Tel. +39-055-264 51 55

NICHT VERPASSEN

Die Kirche und das Museum von San Marco stehen meist nicht ganz oben auf der To-do-Liste in Florenz. Das war mal anders: Kurz nach seiner Eröffnung Ende des 19. Jahrhunderts war das Museum in dem alten Dominikanerkloster das nach den Uffizien meistbesuchte Museum in Florenz. »Mittelalterliche Kunst war das, was die meisten Leute sich ansehen wollten. Und auch heute lohnt es sich, zuerst San Marco anzuschauen, weil dort die Geschichte des Mäzenatentums der Medici anfängt. Wenn man das gesehen hat, versteht man viel besser, was man hier in den Uffizien zur Renaissance sieht«, rät Eike Schmidt.

Museo di San Marco
- Piazza San Marco 3
  www.firenzemusei.it

www.palazzostrozzi.org
Tgl. 10–20, Do bis 23 Uhr
Eintritt 15 Euro | verschiedene Sonderpreise

Die Kunst des 20. und 21. Jahrhunderts steht im **Museo Novecento** im Mittelpunkt. Es wurde 2014 im ehemaligen Krankenhaus San Paolo eröffnet und zeigt u.a. Werke von Giorgio de Chirico.

- Piazza Santa Maria Novella 10
  Tel. +39-055-276 82 24
  www.museonovecento.it
  Fr–Mi 11–20 Uhr | Eintritt 9,50 Euro

Einst Wohnsitz des Kunstsammlers Federico Stibbert (1838–1906), zeigt das **Museo Stibbert** heute in 60 Sälen kostbarste Möbel, Gemälde und Gegenstände vergangener Jahrhunderte. Besonders bemerkenswert ist die riesige Sammlung an Waffen und Rüstungen aus aller Welt.

- Via Federigo Stibbert 26
  Tel. +39-055-47 55 20
  www.museostibbert.it
  Mo–Mi 10–14, Fr–So 10–18 Uhr
  Eintritt 7 Euro

Wer sich hingegen der »Kunst« der Generation Z hingeben möchte, kann stundenlang im **Selfie Museum** verweilen. Bunte Räume für beeindruckende Insta- oder TikTok-Fotos. Und wenn Sie doch nicht ganz auf die Florentiner Klassiker verzichten möchten, dann erwartet Sie David mit »seinem« Handy, um ein Selfie mit Ihnen zu machen.

- Via Ricasoli 44
  selfiemuseumfirenze.it
  Tgl. 10–19 Uhr | Eintritt 13 Euro, verschiedene Sonderpreise

Der Ponte Vecchio spiegelt sich nachts im Arno.

10

Auf der anderen Seite des Arnos

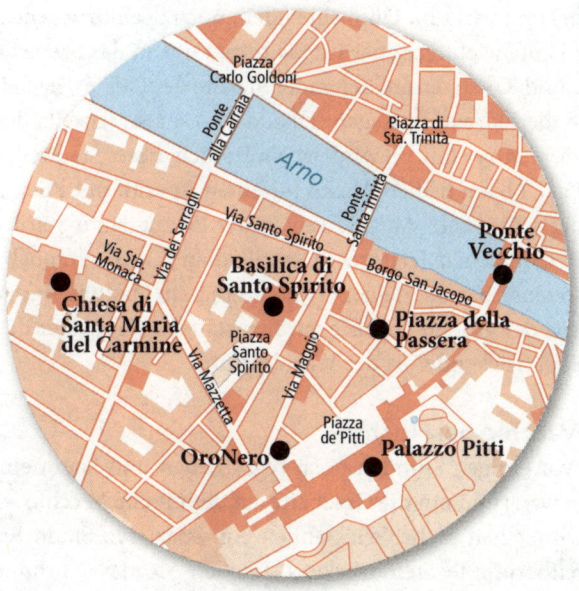

Der Ponte Vecchio bei Nacht, Eis auf einer versteckten Piazza, Nachtleben vor der Heiliggeistkirche und süßes »schwarzes Gold« am Palazzo Pitti.

Oltrarno – der Stadtteil (nicht nur) für Nachtschwärmer

Während viele Touristen sich auch abends im Centro storico rund um die Wahrzeichen Dom und Piazza della Signoria tummeln, habe ich einen Alternativvorschlag für Sie: Gehen Sie am Abend über die berühmteste Florentiner Brücke, den Ponte Vecchio.

Die Brücke ist dann nicht mehr so überlaufen (ganz leer findet man sie selten vor) und wirkt im Dunkeln zudem noch beeindruckender als am Tag. Für heute wichtiger aber ist: Sie bringt uns in das Szeneviertel der Künstler und Kreativen auf der anderen Seite des Flusses, nach Oltrarno oder wie die Florentiner sagen: Diladdarno – also jenseits des Arnos. Vor allem, wenn es dunkel wird, ist ein Besuch dieses Stadtteils zu empfehlen. Egal, ob am frühen Abend für einen Aperitif mit Blick über den Arno oder später zum Abendessen an der Piazza Santo Spirito oder in einer der zahlreichen Trattorie in San Frediano – oder zu noch späterer Stunde in einer Bar oder einem Club. In diesem Stadtteil findet das Leben abseits der großen Touristenströme statt. Und je später der Abend, umso beeindruckender ist der Weg dorthin.

Ponte Vecchio bei Nacht

Da, wo vor einigen Stunden noch reges Leben und kaum ein Durchkommen war, rund um die Geschäfte auf dem Ponte Vecchio – da kehrt in der Dunkelheit mehr Gelassenheit ein. Spazieren Sie in Ruhe über diese weltberühmte Steinbrücke. Genießen Sie das jahrhundertealte Pflaster unter Ihren Füßen und den stillen Blick übers Wasser. Die Lichter der Stadt und die zahlreichen Straßenlaternen links und rechts des Ufers scheinen sich zu verdoppeln: Sie spiegeln sich sowohl flussabwärts als auch flussaufwärts im Arno und überfluten den Ausblick von der Brücke aus eindrucksvoll mit warmem Licht. Fast jedes Mal, wenn ich abends hier entlanglaufe, sehe ich das eine oder andere Liebespaar in der Mitte der Brücke an der kleinen Mauer unter den Arkadenbögen lehnen. Ich tue geschäftig und gehe schnellen Schrittes vorbei, und doch entgehen mir die teilweise herzzerreißenden Liebesschwüre nicht, die da zu hören sind. Ob die Liebe dann auch so lange hält wie die vielen Liebesschlösser, die gegenüber am Gitter um die Büste von Benvenuto Cellini angebracht sind?

Vor der Zerstörung gerettet

Auch die vereinzelten Schaufenster der teuren Juwelierläden, die nicht verbarrikadiert sind mit Holzläden oder -toren, wirken im Dunkeln noch hochwertiger. In Ruhe kann man sich darin die kleinen, edlen Kunstwerke ansehen, die im Licht funkeln. Ja, eines gibt es so gut wie immer im Zentrum von Florenz: Licht. Das ist das Schöne am Abend-

oder Nachtspaziergang: Ich habe in Florenz, anders als in einigen deutschen Städten, nie Angst oder ein mulmiges Gefühl, wenn ich durch die dunklen Gassen schlendere. Denn sie sind nicht dunkel. Und schon gar nicht hier rund um die vielleicht berühmteste Brücke Italiens. Als wolle man es ins schönste Licht setzen, dieses mehr als 80 Meter lange Bauwerk aus dem 14. Jahrhundert – die einzige Florentiner Brücke übrigens, die nicht zerstört wurde im Zweiten Weltkrieg.

Und das geht vor allem auf einen deutschen Diplomaten zurück: Gerhard Wolf (1896–1971), der während des Zweiten Weltkriegs Konsul in Florenz war. Während der deutschen Besat-

Am abendlichen Arnoufer neben dem Ponte Vecchio mit Blick nach Oltrarno

Rund um den Ponte Vecchio gibt es zahlreiche Bars und Enotheken.

zung Italiens vereitelte er den Abtransport mehrerer Kunstwerke, schaffte es, viele verfolgte Juden vor dem Holocaust zu retten, und konnte in seiner Funktion auch die Zerstörung mehrerer Bauwerke, vor allem des Ponte Vecchio, verhindern. Eine Gedenktafel in der Mitte der Brücke erinnert seit 2007 an diesen Deutschen, der wegen seiner Verdienste bereits 1955 zum Ehrenbürger der Stadt Florenz ernannt wurde.

Dass man heute noch diesen nächtlichen Ausblick von der Brücke aus auf den Fluss genießen kann, hat man also auch ihm zu verdanken – einem deutschen Diplomaten, dem es gelang, die Gräueltaten der Deutschen im Zweiten Weltkrieg zumindest an diesem weltberühmten Bauwerk für einen kleinen Moment abzumildern. Genießen Sie in diesem Bewusstsein also Ihren Gang über die erleuchtete Brücke. Und lassen Sie sich Zeit.

Ein Eis an einem kleinen, versteckten Platz

Auf der anderen Seite angekommen, tut sich die Via de' Guicciardini auf, von der nach der Brücke rechts der Borgo San Jacopo und links die Via de' Bardi abgehen. Hier finden Sie einige hübsche Weinbars, die die frühen Abendstunden versüßen können. Viele der Lokale auf der Flussseite besitzen Terrassen, die gerade abends bei einem Aperitivo einzigartige Blicke auf den Ponte Vecchio und auf die andere Seite der Stadt freigeben. Auch einige Eisläden gibt es in dieser Gegend.

Am besten aber, Sie gedulden sich während Ihres Abendspaziergangs bis zur Piazza della Passera, ein kleines, eigentlich unscheinbares Plätzchen in der Nähe der Kirche Santo Spirito. Sie erreichen es über die Via de' Guicciardini und rechter Hand die Via dello Sprone.

Der nächtliche Gang durch diese Gegend entspannt mich jedes Mal aufs Neue. Man begegnet zwar immer wieder Menschen, aber es ist jetzt alles so viel ruhiger und besonnener im Dunkeln. Die schlichte Gelateria della Passera an der Piazza della Passera bietet saisonal bedingt unterschiedliche Sorten. Nur im Januar und Februar ist die Gelateria von Cinzia und Marco mal kurz geschlossen. Das Besondere an diesem Eis sind die lokalen Zutaten, und dass jede Eissorte in der klitzekleinen Küche hinter der Eistheke frisch hergestellt wird. Es gibt alle möglichen Milchspeiseeissorten, Sorbets ohne Milch, und im Sommer werden bei Bedarf als Cocktail- oder Aperitiversatz sogar Eissorten à la Negroni oder Spritz angeboten. Cin cin!

Erinnerungen an eine Zeit ohne Smartphones

Rote und grüne Bänke stehen auf der Piazza della Passera im Kreis – einladend, als wollten sie den Passanten sagen: Setzt euch. Genießt ein Eis und redet miteinander. Nicht alle folgen dieser Einladung der bunten Bänke. Platz nehmen hier zwar viele, gerade am Abend, und einige auch mit einem großen

Eine meiner Lieblingssorten bei der Gelateria della Passera: Melograno (Granatapfel).

Eis in der Hand – Studenten, (Lebens-)Künstler, Liebespaare. Und viele plaudern fröhlich miteinander. Aber nicht alle unterhalten sich. Manche scheinen den Blick aufs Handy zu bevorzugen. Das war in den 1990ern, als ich hier viele Abende verbrachte, anders. Damals gab es noch keine Smartphones, kein Youtube und erst recht keine sozialen Medien. Das einzig Soziale auf dieser kleinen Piazza waren die innigen Gespräche kleiner Studentengruppen, das Gelächter zweier Freundinnen, das lautstarke Argumentieren angeheiterter Kommilitonen.

Doch genug der Nostalgie – auch heutzutage ist es schön. Anders eben. Ich bin keine Studentin mehr, und auch Florenz hat sich verändert. Manchmal fällt es mir schwer, das zu akzeptieren, denn so vieles hier erinnert mich an die »guten alten Zeiten«. Wenn ich Menschen in Florenz auf ihre Handys gucken sehe, denke ich zuweilen: Schaut doch mal auf, hier gibt es so viel Schöneres zu sehen als Euer Display. Ihr befindet Euch mitten in einem italienischen Wunder. Im nächsten Moment krame ich selbst in meiner Handtasche und hole mein Handy raus. Und denke bei mir: Es ist schon alles gut so, wie es ist. Leben bedeutet auch Veränderung.

Ich bin keine zwanzig mehr und trinke auf der Piazzetta nicht mehr mit Freundinnen reihum günstigen Rotwein aus der Flasche, sondern gönne mir ein Glas Bolgheri in der Bar an der Ecke.

Zu gerne beobachte ich das Leben an diesem gut versteckten Ort, zu dem sich kaum Touristen zu verirren scheinen, schaue hoch zu den Fenstern, die auf die Piazza blicken. In einigen brennt Licht hinter den Vorhängen, andere sind dunkel, aber weit geöffnet. Im zweiten Stock gegenüber steht ein junger Mann mit Zigarette an seinem Fenster und guckt auf die Piazza herunter. Wobei, nein, er schaut gar nicht auf die Piazza, er hat ja sein Smartphone in der Hand. Na gut, denke ich mir, er kennt den Ausblick auf den kleinen Platz sicher schon. Er wohnt ja hier.

Neben der Schiaccia Passera (ein beliebter Straßenverkauf mit kleinen italienischen Leckereien) hängen an zahlreichen in die Wand gehämmerten Haken zig Schlüssel. Einzelne Autoschlüssel verschiedener Marken, schlichte Vespaschlüssel mit bunten Anhängern und ganze Schlüsselbunde mit Haus- oder Wohnungsschlüsseln. Ein hübscher

Verstecktes Kleinod für Nachtschwärmer: Piazza della Passera

Brauch in Florenz: Wer irgendwo einen verloren gegangenen Schlüssel findet, kommt zur Piazza della Passera und hängt ihn hier auf. Und hier baumelt er dann, bis der Besitzer ihn abholt – oder er bleibt für immer hier hängen. Diese liebenswerte Tradition unterstreicht den familiären Charakter dieses kleinen Platzes.

Dolce Vita am Abend

Weiter geht's über die Via Toscanella und die Via dei Michelozzi in Richtung Piazza Santo Spirito, ein sehr viel größerer, bekannterer und auch sehr frequentierter Platz. Hier stand früher ein Augustinerkloster, das im 15. Jahrhundert einem Brand zum Opfer fiel. Die Basilika Santo Spirito am Rande der Piazza gilt als letztes Meisterwerk von Filippo Brunelleschi, bekanntermaßen vor allem für die Florentiner Domkuppel weltberühmt. Das Äußere der Renaissancekirche ist geprägt von der kahlen Fassade. So schlicht und karg das Äußere der Kirche, so prunkvoll und lebendig ist ihr Inneres: Viele Säulen trennen das Mittelschiff von den Seitenschiffen, und die Seitenkapellen sind voller hochkarätiger Kunst, u. a. von Donatello. In der Sakristei hängt das weltberühmte Kruzifix von Michelangelo, eines seiner frühesten Werke. Der italienische

Auch tagsüber herrscht reges Leben auf der Piazza Santo Spirito.

Barock-Bildhauer Gianlorenzo Bernini (der unter anderem den Petersplatz in Rom konzipierte) nannte Santo Spirito gar »die schönste Kirche der Welt«.

Doch auch draußen rund um die schlichte Kirchenfassade ist die Szenerie gerade abends alles andere als kahl: Auf den Stufen direkt vor der Kirche tummeln sich Gitarre spielende junge Männer, rauchende junge Frauen in Jeans – oder andersrum. Einige Fahrräder lehnen an der Treppe. Eine kleine italienische Familie ist zu beobachten – Mama und Papa, die sich unter den Stufen vor der Heiliggeistkirche küssen und nebenbei mit einer Hand den Kinderwagen schaukeln, in der Hoffnung, dass der Nachwuchs bald schläft. Ältere Herren, einer mit Gehstock, stehen an der Treppe und debattieren so laut über Politik, dass fast das Gitarrenspiel übertönt wird.

Auf der Piazza Santo Spirito scheint das »echte« Florentiner Nachtleben stattzufinden. Auf dieser trotz des lebendigen Treibens so ruhig anmutenden Piazza landet jeder mal früher oder später – egal welches Alter und welches Geschlecht, ob echte Florentiner oder Wahlflorentiner auf Zeit, also begeisterte Studenten aus aller Welt. So wie ich damals in den 90ern.

Damals wie heute sitzen Menschen in den Restaurants rund um die Piazza – egal welcher Wochentag es ist. Im Gegensatz zu damals frage ich mich heutzutage manchmal: Müssen die nicht arbeiten morgen früh? Wie können sie jetzt hier zu Abend essen, an einem stinknormalen Dienstagabend um 22 Uhr? Nicht nur die hochwertigen Restaurants mit Speisekarten und weißen Tischdecken sind recht gut besucht. Auch vor den Bars sitzen sogar im Herbst und Winter Menschen an kargen Holztischen, trinken Wasser aus Plastikflaschen und genießen dazu die saftige Ciabatta, vom Barista in Butterbrotpapier eingewickelt.

Im nächsten Moment erinnere ich mich daran, wie es ist, Italiener beziehungsweise Teil dieses Landes zu sein. Die Prioritäten sind einfach anders: Gemeinsam zu essen, mit Freunden zusammenzusein, das ist hier für viele wichtiger, als abends den Fernseher anzumachen oder perfekt fürs nächste Meeting oder die morgige Vorlesung vorbereitet zu sein. Was nicht heißen soll, dass Italiener ihre Verpflichtungen und Jobs nicht ernst nehmen. Aber dass das Miteinander ganz oben steht, scheint in Italien eine Selbstverständlichkeit zu sein. Familie. Freunde. Die berühmte Dolce Vita, die in Deutschland manche mit Verweis auf das höhere Bruttosozialprodukt belächeln – und um die so viele Deutsche die Italiener beneiden, für die wir sie bewundern. Hier wird es greifbar, das süße Leben, auf der Piazza Santo Spirito, abends, wenn alle Geschäfte erledigt sind und die Aufgaben des morgigen Tages scheinbar noch weit entfernt sind.

Abstecher zum Palast

Weitaus weniger ist um diese Tageszeit los auf der nur wenige Schritte entfernten Piazza vor dem berühmten Palazzo Pitti. Der beeindruckende festungsartige Palast steht hier seit dem 15. Jahrhundert, ursprünglich gebaut für den Kaufmann Luca Pitti, Mitglied eines der einflussreichsten Adelsgeschlechter der Florentiner Renaissance. Erst rund 100 Jahre später wurde das riesige Gebäude, mittlerweile verkauft an die inzwischen dominierende Medici-Familie, weiter- und umgebaut und durch den einzigartigen Boboli-Garten ergänzt. Tagsüber stehen hier Museumsbesucher Schlange, Touristen fotografieren den Palazzo aus allen Winkeln, Geschäftsleute mit dem *telefonino* am Ohr eilen vorüber. Am Abend ist der Platz je nach Jahreszeit oft menschenleer, dennoch erstrahlt der Palast in gleißendem Licht. Was für ein herrschaftlicher Anblick! So strukturiert und aufgeräumt sieht das beleuchtete Gebäude mit dem riesigen Platz davor dann aus.

Im Sommer sitzen vereinzelt Gruppen junger Menschen auf dem Boden und genießen mit Laptops oder Bierflaschen (oder beidem) die schier endlose Weitläufigkeit dieses Platzes. In den Herbst- und Wintermonaten trifft man hier jedoch kaum jemanden. Dennoch – oder gerade dann – lohnt es sich, sich in eines der Lokale am Platz zu setzen. Überwältigend der Blick auf die mehrstöckige Fassade des Palazzo Pitti, schlicht und konsequent geschmückt durch Steinquader.

Besonders während des großen Corona-Lockdowns 2020 muss es hier atemberaubend schön gewesen sein. Meine florentinische Freundin Alessandra rief mich damals an und teilte mit mir diesen wunderbaren Augenblick, als sie über den menschenleeren Platz vor dem Palazzo Pitti flanierte – im vollen Genuss des Moments der Ruhe, Eleganz und Leere in dieser sonst so schweren Zeit der Pandemie. Viel hätte ich damals gegeben, einen so exklusiven Moment vor Ort miterleben zu dürfen, ob vor dem Palazzo Pitti oder einem anderen der sonst so stark frequentierten Orte der Stadt.

Tagsüber wird der große Platz vor dem Palazzo Pitti gern als Treffpunkt und zum Ausruhen genutzt.

Schokolade beim Palazzo

Auf dem Weg zurück in Richtung Santo Spirito kommen wir an der Ecke übrigens an einem meiner Lieblingsgeschäfte vorbei: OroNero – »schwarzes Gold«. Jetzt am Abend ist es leicht zu übersehen, denn das Lädchen ist natürlich zu und von einem Metallrollladen verdeckt. Auf der Markise darüber steht die simple Aufschrift Tè & Cioccolato. Dahinter jedoch verbirgt sich tagsüber eine ungeahnte süße Oase. Rund 180 verschiedene Teesorten gibt es hier – und feinste

Die Schwestern Lucia und Elisabetta von OroNero

Schokolade. Hübsch und fleißig sind die beiden Besitzerinnen Lucia und Elisabetta, zwei Schwestern, die schon von klein auf mit verschiedensten Tee- und Schokoladensorten in Berührung kamen: Ihre Oma arbeitete jahrzehntelang in einer Schokoladen- und Keksfabrik, die auch Kaffee und Tee anbot und sowohl die feine Florentiner Gesellschaft als auch Tee liebende Touristen aus Großbritannien zur Tea Time willkommen hieß.

Mit Leidenschaft führen die beiden diese Tradition fort. Mittlerweile verkaufen sie in ihrem gemütlichen und gut sortierten Geschäft Teesorten aus aller Welt, hochwertige Schokolade, allerlei hübsche kleine Geschenke wie Tassen, kleine bunte Teekannen sowie wohlduftende Kekse und andere Leckereien in verschiedenen dekorativen Glasbehältern. Es sind nur ein paar liebenswert vollgepackte Quadratmeter, aber ein einziger Genuss für die Sinne. Viele Kunden werden von den Schwestern mit Namen begrüßt, oft wird auch ein *amore* (»Schatz«) nachgeschoben – man kennt sich. Stammkundschaft bedeute ihr viel, sagt Lucia, doch immer öfter kommen auch Besucher aus anderen Ländern in den Laden und bestaunen die bunte, wohlduftende Ware. All das kann man jetzt am Abend nur erahnen hinter dem Rollladen. Kommen Sie also wieder, wenn es hell ist.

Oltrarno bei Tageslicht

Denn auch am Tag ist Oltrarno natürlich einen Besuch wert. Der täglich auf der Piazza Santo Spirito stattfindende Markt zum Beispiel scheint so viel näher am Alltag der Florentiner zu sein als andere berühmte Märkte der Stadt, von denen viele hauptsächlich Lederwaren und Souvenirs verkaufen. Hier gibt es täglich Obst, Gemüse, Kleidung, vereinzelt auch Flohmarktstände. Und jeden Tag werden auch Sicherheitsnadeln, Druckknöpfe, Reißverschlüsse emsig sortiert und in kleinen bunten Schächtelchen präsentiert. Ich beobachte gerne, wie die Kundschaft das Angebot wahrnimmt und so lange in den Boxen kramt, bis schließlich das Gesuchte gefunden wird. Dass es so viele verschiedene Arten von Nähnadeln, so viele Größenunterschiede bei Sicherheitsnadeln geben kann, hatte ich vor meinem ersten Besuch dieses Markts nicht geahnt.

Weiter westlich von hier, entlang der Straße Borgo San Frediano, kommt man in den vor allem bei jungen Florentinern sehr beliebten Stadtteil San Frediano. Die Metzger, Optiker und Tabakläden in diesem Viertel machen den Anschein, als habe sich hierher noch nie ein Tourist verirrt. Fast fühlt es sich an, als wandle man durch ein kleines, unbekanntes Örtchen mitten in der Toskana. Entsprechend charmant und authentisch sind die vielen Lokale in dieser Gegend. Auch viele Jungunternehmer wagen hier mit einem eigenen Restaurant oder einer Bar den Schritt in die Selbstständigkeit und werden oft mit Erfolg belohnt. Denn unter Florentinern ist die Gegend rund um San Frediano besonders beliebt zum Essengehen.

Das Mittelalter auf der Schwelle zur Renaissance

Die schlichte Piazza del Carmine in San Frediano und die gleichnamige Kirche unterstreichen die intime Atmosphäre in dem reizenden Viertel. Doch auch hinter diesen bescheidenen Mauern befindet sich weltberühmte Kunst – Florenz scheint, egal in welchem Stadtteil, unendlich viel davon zu haben. Unbedingt sehen sollten Sie eine Seitenkapelle von Santa Maria del Carmine, nämlich die Brancacci-Kapelle und ihren atemberaubenden Freskenzyklus. Denn selten ist es möglich, mittelalterliche Malerei und Renaissancekunst so nah nebeneinander zu sehen und direkt miteinander vergleichen zu können. Der 1383 geborene Masolino da Panicale war der beauftragte Maler, doch sein Schüler, der 1401 geborene Masaccio, war es, der letztlich die Arbeiten alleine beendete. Beide haben hier also auf kleinem Raum ihre ganz eigenen Handschriften hinterlassen. Während bei Masolino noch die mittelalterliche Bildtradition zu beobachten ist, zeigt Masaccio mehr Perspektive, Raumgefühl und viel realistischere Darstellungen des menschlichen Körpers und seiner Bewegungen. In dieser Kapelle ist das Ende des Mittelalters an der Schwelle zur Renaissance förmlich spürbar – sogar für »Kunstbanausen« ein beeindruckender Moment. Die Szenen aus dem Leben des heiligen Petrus scheinen aus zwei komplett verschiedenen Zeiten zu stammen, obwohl nur wenige Jahre dazwischen liegen. Doch es sind die entscheidenden Jahre zwischen Mittelalter und Renaissance. Wie versteckt und bescheiden ist dieser beeindruckende und für die Kunstgeschichte so maßgeblich wichtige Ort!

Wieder einmal zeigt sich: Nicht nur auf den ersten Blick ist Florenz offensichtlich beeindruckend, es bietet auch an verborgeneren Orten atemberaubende Schätze, die faszinieren.

Ein Fest der Freskomalerei wartet in der Brancacci-Kapelle.

Was und wann?

Abendlicher Spaziergang über den Ponte Vecchio nach Oltrarno, den südlich des Arnos liegenden Stadtteil von Florenz mit den Vierteln Santo Spirito und San Frediano.

Wo?

Ponte Vecchio

Die »alte Brücke« existiert seit 1345 in der heutigen Form; sie überstand sowohl den Zweiten Weltkrieg als auch das Hochwasser 1966. Auf beiden Seiten ist sie mit Läden bebaut. Nur in der Mitte ist ein Abschnitt frei und gewährt einen Blick auf den Fluss; auf der Ostseite befinden sich drei Arkadenbögen, auf der Westseite steht eine Büste, die den Bildhauer Benvenuto Cellini zeigt.

Gelateria della Passera

Eisdiele mit großer Auswahl aus eigener Herstellung.
• Via Toscanella 15r/ Piazza della
  Passera
  Tel. +39-055-614 20 71
  gelateriadellapassera.it
  Di–So 12–24 Uhr, Jan./Feb.geschl.

Basilica di Santo Spirito
• Piazza di Santo Spirito 30
  www.basilicasantospirito.it

Palazzo Pitti

Gebaut als Sitz eines reichen Kaufmanns im 15. Jahrhundert, war der Palast später Residenz der Medici, dann der Herzöge der Toskana, dann kurzzeitig Amtssitz des Königs von Italien. Heute beherbergt er mehrere Museen.
• Piazza de' Pitti 1
  www.uffizi.it/palazzo-pitti
  Di–So 8.15–18.30 Uhr
  Eintritt 16 Euro, Kombipass mit Uffizien und Giardino di Boboli
  (5 Tage gültig) 38 Euro

OroNero

Tee und Schokolade vom Feinsten.
• Piazza de' Pitti 1r
  Tel. +39-055-230 24 72
  oronerofirenze.it
  Di–Sa 10.30–19.30 Uhr

Santa Maria del Carmine
• Piazza del Carmine
  Mo–Sa 7.30–12, 17–18.45,
  So 8.30–12, 17–18.45 Uhr
• Die **Brancacci-Kapelle** ist über einen separaten Eingang zugänglich. Erforderlich ist eine Reservierung unter Tel. +39-055-276 82 24 oder cappellabrancacci@musefirenze.it oder bigliettimusei.comune.fi.it
  Eintritt 10 Euro
  Mo, Fr, Sa 10–17, So 13–17 Uhr

TIPPS

AUSGEHEN AM ABEND

RESTAURANTS

Auf der **Piazza Santo Spirito** steht eine Fülle von Restaurants und Bars zur Auswahl. Die **Osteria Santo Spirito** an der Südwestecke des Platzes serviert große Portionen der klassischen italienischen Küche und ist immer gut besucht. Auf Pasta spezialisiert ist das **Tamerò** schräg gegenüber. Drinks bis um 2 Uhr nachts gibt's im **Volume** oder in der **Lounge Bar Cabiria** ein paar Meter weiter.

B.O.r.G.O

Kleines, gemütliches Restaurant in San Frediano, exzellente Küche, authentische Gastfreundschaft, charmantes Ambiente.
• Borgo San Frediano 145r
  www.borgofirenze.com
  Di–So 19–22.30 Uhr

Ristorante Borgo San Jacopo

In dem mit einem Michelin-Stern gekrönten Restaurant tischt Chefkoch Claudio Mengoni auf. Das hat seinen Preis, der Ausblick von der Terrasse auf den Ponte Vecchio ist aber unbezahlbar!

• Borgo S. Jacopo 62r
  www.lungarnocollection.com/
  borgo-san-jacopo
  Mi–So 19–22 Uhr

BARS UND CLUBS

The Lodge Cub

Restaurant und Lounge Bar: Aperitif und Abendessen, danach DJ.
• Via Giuseppe Poggi 1
  www.thelodgeclub.com

Flo Lounge

Bar, Terrasse mit Blick über Florenz; im Sommer Open-Air-Partys mit DJ und Cocktails.
• Viale Michelangiolo 84
  www.flofirenze.com | Mo geschl.

MAD – Souls & Spirits

Spritz ist hier verpönt – dafür gibt's jede Menge kreativer Cocktails.
• Borgo San Frediano 36/38r
  www.madsoulsandspirits.com
  Tgl. 17–2 Uhr

Mysterium

Cocktails, auch sehr viele ohne Alkohol. Sehr gemütliches und edles Interieur.
• Borgo San Frediano 81–83r
  Tel. +39-349-067 67 93
  Mo geschl.

Und noch mehr Florenz

Das lohnt sich außerdem

Sie haben nun meine Lieblingsorte in der Stadt kennengelernt. Darüber hinaus ist Florenz jedoch noch für viele weitere Sehenswürdigkeiten berühmt, die Sie nicht verpassen sollten. Hier eine Auswahl:

Piazzale Michelangelo und San Miniato al Monte

Der Piazzale Michelangelo ist bekannt für seine spektakuläre Aussicht. Steigen Sie aber unbedingt auch noch ein bisschen höher hinauf zur nahe gelegenen Kirche San Miniato al Monte – für mich die schönste romanische Basilika. Der Ausblick von dort ist noch schöner als vom Piazzale Michelangelo. Ein wunderbarer Moment: auf diesen Stufen zu sitzen, auf die Stadt zu schauen und mit ein bisschen Glück am frühen Abend die Mönche singen zu hören. In der Farmacia links neben dem Portal kann man Produkte des Klosters wie Seife kaufen.
• Via delle Porte Sante 34
  www.sanminiatoalmonte.it

Früh am Morgen herrscht himmlische Ruhe rund um San Miniato al Monte.

Loggia dei Lanzi und Neptunbrunnen

Der Arkadenbau aus dem 14. Jahrhundert beherbergt weltberühmte Skulpturen aus der Antike und der Renaissance bzw. Kopien davon. Die Halle diente als Vorbild für die Feldherrnhalle in München. Der monumentale Brunnen aus dem 16. Jahrhundert nördlich des Palazzo Vecchio zeigt den römischen Gott Neptun, dessen Gesicht dem des Herzogs Cosimo I. de' Medici nachempfunden sein soll. Das Original dieser Statue steht im Bargello.

• Piazza della Signoria

Orsanmichele

Die würfelförmige Kirche liegt sehr prominent mitten in der Fußgängerzone der Altstadt, man erkennt sie an den zahlreichen Skulpturen an der Fassade. Bereits im 8. Jahrhundert wurde hier eine kleine Kapelle errichtet, die im 13. Jahrhundert zum Getreidespeicher umgebaut wurde. Im 14. Jahrhundert wurde das Gebäude zum Gotteshaus, die Zünfte der Stadt statteten es mit kostbaren Skulpturen und Malereien aus.

• Via dell'Arte della Lana
  www.bargellomusei.beniculturali.it

Die große Synagoge

Die beeindruckende grüne Kuppel prägt aus vielen Perspektiven das Florentiner Stadtbild mit. Eingeweiht wurde die Synagoge 1882, im Zweiten Weltkrieg diente sie der Deutschen Wehrmacht als Garage. 1944 sollte sie zerstört werden, der italienische Widerstand konnte die Schäden aber in Grenzen halten. Zusammen mit dem Jüdischen Museum, das sich in den Innenräumen befindet, gehört die Synagoge heute zu den meistbesuchten Orten in Florenz.

• Via Luigi Carlo Farini 6
  www.firenzebraica.it

Museo del Calcio

Das Museum, etwas außerhalb gelegen im Stadtteil Coverciano, dokumentiert die Erfolgsgeschichte des italienischen Fußballs. Kuriose Einblicke und emotionale Erinnerungsstücke wie Trikots, Trophäen und Originalfußbälle aus den vergangenen Jahrzehnten beleuchten den amtierenden Europameister und vierfachen Weltmeister, dessen zentrales Trainingslager sich übrigens auch hier befindet. Ein Muss nicht nur für fußballbegeisterte Kinder!

• Viale Aldo Palazzeschi 20
  www.figc.it/it/museo-del-calcio

Infos von A–Z

Ärztliche Versorgung

EU-Bürger werden gegen Vorlage der Europäischen Krankenversicherungskarte kostenlos behandelt. Eine zusätzliche private Auslandskrankenversicherung ist dennoch empfehlenswert.

Barrierefreies Reisen

Florenz lässt sich auch von Rollstuhlfahrern relativ gut erkunden. Die Gehsteige sind abgeflacht, und die meisten Sehenswürdigkeiten sind mit Rampen versehen. Weitere Infos auf: www.sagetraveling.com/florence-disabled-access

Diplomatische Vertretungen

- **Deutschland:** Corso dei Tintori 3, 50122 Florenz, Tel. +39-055-234 35 43, florenz@hk-diplo.de
- **Österreich:** Lungarno Vespucci 58, 50123 Florenz, Tel. +39-055-2654222, cons.austria@alpiworld.com
- **Schweiz:** Piazzale Galileo 5, 50125 Florenz, Tel. +39-055-22 24 34, firenze@honrep.ch

Firenze Card

72 Std. gültig, freier Eintritt in 60 Museen und Sehenswürdigkeiten der Stadt zum Preis von 85 Euro. Eigene Kinder unter 18 Jahren können kostenlos mitgenommen werden. Reservierungen sind erforderlich für die Uffizien, die Accademia und die Brancacci-Kapelle. Informationen und Online-Bestellung: www.firenzecard.it/de

Haustiere

Haustiere benötigen den europäischen Haustierpass, der nur mit gleichzeitiger Identifikation des Tieres durch Mikrochip gültig ist. Leine und Maulkorb gehören mit ins Gepäck.

Hausnummern

Steht hinter der Hausnummer ein kleines r, kann das bei der Suche nach einer Adresse schon mal verwirren. In Florenz werden die Hausnummern für Privatgebäude mit schwarzen (n für nero) und für Geschäfte oder Betriebe mit roten (r für rosso) Ziffern angegeben. Das ist auch für Italiener kompliziert, deshalb soll das System über kurz oder lang abgeschafft werden.

Informationen

Infos vor Ort gibt es bei den zahlreichen Fremdenverkehrsämtern Uffici Turistici, I.A.T., Pro loco und Uffici Informazioni.

Staatliche italienische Fremdenverkehrsämter (ENIT), www.enit.it

- **In Deutschland:** Schaumainkai 87, 60596 Frankfurt/M, frankfurt@enit.it
- **In Österreich:** Mariahilfer Str. 1b, 1060 Wien, Tel. +43 15 05 16 30 12, vienna@enit.it
- **In der Schweiz:** Italienisches Generalkonsulat, Tödistr. 65, 8002 Zürich, zurigo@enit.it

Notruf

- EU-weite Notrufnummer: Tel. 112
- Pannendienst des ACI: Tel. +39 80 31 16, Mobil 800 11 68 00
- ADAC-Notruf für Unfälle im Ausland: Tel. 089/22 22 22

Öffnungszeiten

- Banken: Mo-Fr 8.30-13.30 Uhr (viele auch nachmittags)
- Geschäfte: meist Mo-Sa 9-13 und 15.30–19.30 Uhr. In der Sommersaison öffnen Geschäfte in Touristenzentren bis spät abends und auch So.
- Kirchen: Viele sind von 12/13 bis 15/16 Uhr geschlossen.
- Museen ändern oft die Öffnungszeiten (viele sind Mo geschlossen)

Parkplätze

Das Parken ist in Florenz schwierig, weil große Teile der Innenstadt für Privatautos gesperrt sind (auf die »ZTL«-Schilder achten); manche Hotels haben hauseigene oder reservierte Plätze in Parkhäusern. Kostenpflichtige Parkplätze gibt es am Stadtrand.

Quittungen

Für Dienstleistungen, Bar- oder Restaurantbesuche werden Quittungen (ricevuta fiscale) ausgestellt, die für evtl. Kontrollen der Steuerpolizei aufbewahrt werden müssen.

Taxi

Taxis werden in Italien nicht per Handzeichen angehalten, sondern müssen telefonisch bestellt werden (im Hotel oder Restaurant fragen). Oder man geht zu einem Taxistand.

Telefon

Die Ortsvorwahl samt 0 ist immer zu wählen. Italienische Handynummern beginnen mit einer 3 ohne 0 am Anfang. Internationale Vorwahlnummern: Deutschland: 00 49, Österreich: 00 43, Schweiz: 00 41, Italien: 00 39

Zoll

Für Reisende aus den EU-Ländern gelten die folgenden Richtmengen: 800 Zigaretten, 90 l Wein, 10 l Spirituosen. Für Schweizer sind 250 Zigaretten, 5 l Alkoholika unter bzw. 1 l über 18 Vol.-% und Souvenirs für max. 300 CHF zollfrei.

Register

A

Alberti, Leon Battista 138
Alimentari Uffizi 94, 100
Andersen, Hans Christian 118
Alighieri, Dante *siehe Dante*
Antica Spezieria Erboristeria San Simone 151
Antico Ristorante Sasso di Dante 67
Aquaflor 150
Arcone 23

B

Babae 101
Badia Fiorentina 67
Bandinelli, Baccio 155
Baptisterium 15, 32
Bargello 164
Bartholdi, Auguste 80
Beatrice 55-66
Beatrix (Königin) 97
Bernini, Gianlorenzo 174
Biblioteca delle Oblate 130
Boccaccio, Giovanni 55, 67
B.O.r.G.O 181
Bottega degli artisti 37
Bottega di restauro 36-41, 50
Boutique e Museo Lorenzo Villoresi 150
Brancacci-Kapelle 178-180
B-Roof 130
Brunelleschi, Filippo 19, 114, 173
Buchette del vino 101

C

Caffè dell'Oro 27, 32
Caffè Paszkowski 23
Caffè Rainer 30, 32
Caffè Sabatino 33
Caffè Scudieri 21, 32
Calcio Storico 70-77, 86
Camilla (Königin) 84
Campanile 12, 15, 32, 108-110, 120
Cappelle Medicee 48, 51
Carlino Hautmann, Tullia 58-59
Casa Buonarroti 87
Casa di Dante 8, 58, 66

Cassi, Maria 82-84
Castagno, Andrea del 160
Cellini, Benvenuto 43, 52, 62, 63, 180
Centro Machiavelli 51
Charles III. (König) 84
Cherici, Lapo 74-77
Chiesa Luterana 127
Cioccolateria Ballerini 33
Collodi, Carlo 111-112
Colzi Fabio und Mario 96-98
Cortese Café 900 33

D

Dante Alighieri 7, 54-66, 70, 78
David 8, 34, 40-47, 50
de Chirico, Giorgio 165
De Fabris, Emilio 45
Del Colle, Marcello 36-41
Ditta Artigianale 28, 32, 33
Dolci e Dolcezze 33
Dom 14-20, 32, 46, 109
Dombauhütte 37
Domenico di Michelino 58
Donatello 37, 173

F

Farmacia SS. Annunziata dal 1561 151
Fedi, Pio 80
Festa del Mugello 121
Fiesole 128-130
Flo Lounge 181
Florence Country Life 100
Florentia 132-133, 144
Folon, Jean-Michel 134

G

Galilei, Galileo 68
Galleria degli Uffizi *siehe Uffizien*
Galleria dell'Accademia 44-47, 50
Gelateria della Passera 171, 180
Gelateria Vivoli 87
Ghiberti, Lorenzo 18-20
Giardino Bardini 125, 134
Giardino dei Semplici 135
Giardino delle Rose 134

Giardino dell'Iris 144, 150
Giardino dell'Orticultura 135
Giardino di Boboli 124-125, 134
Giotto 17, 78, 120
Giovannelli, Filippo 71-73
Gorgia toscana 21
Grotta di Buontalenti 125

H

Hard Rock Café 23
Hauptstadt 23
Hepburn, Audrey 25
Hotel La Scaletta 130
Hotel Palazzo Guadagni 130

I

Iris (Blume und Wappensymbol) 143, 144
Istituto Galilei 51
Istituto Michelangelo 51

K

Kidman, Nicole 148
Kirchen
  San Lorenzo 48
  San Miniato al Monte 184
  San Salvatore in Ognissanti 127
  Santa Croce 78
  Santa Lucia dei Magnoli 127
  Santa Margherita dei Cerchi 60, 62, 66
  Santa Maria del Carmine 178, 180
  Santa Maria del Fiore 7, 10, 14, 32, 102; *siehe auch Dom*
  Santa Maria delle Grazie 126, 134
  Santa Maria Maggiore 126, 134
  Santa Maria Novella 138
  Santa Trinità 26, 32
  Santo Spirito 173, 180

L

Lampredotto 101
Le Murate 87
Leonardo da Vinci 104-106, 163, 164
Leonardo Interactive Museum 105, 120
Liebesschlösser 62-64
Loggia dei Lanzi 43, 63, 159, 185

Lounge Bar Cabiria 181
Luther, Martin 127

M

MAD – Souls & Spirits 181
Mangiafoco 92, 93, 100
Masaccio 179
Masolino da Panicale 179
Medici (Familie) 43, 48, 124, 154,
   175
   Anna Maria Luisa 48, 163
   Cosimo I. 26, 43, 56, 162, 185
   Cosimo II. 64
   Ferdinando I. 117
   Giuliano 49
   Katharina 141
   Lorenzo 43
   Piero 43
Mercatino delle Pulci 87
Mercato di Sant'Ambrogio 81, 86
Mercato Centrale 29, 95, 98
Mercato Nuovo 29, 118, 124
Michelangelo 8, 18, 34-49, 78-80,
   173
Mona Lisa 163, 164
Museo Bardini 124
Museo degli Innocenti 115-117, 120
Museo del Calcio 185
Museo del Giocattolo e di
   Pinocchio 110-113, 120
Museo delle Illusioni 121
Museo dell'Opera del Duomo 50
Museo dell'Opera di Santa
   Croce 86
Museo di San Marco 165
Museo Leonardo Da Vinci 121
Museo Novecento 165
Museo Salvatore Ferragamo 26, 32
Museo Stibbert 165
Mysterium (Bar) 181

N

Nardella, Dario 44
Neptunbrunnen 185
Niccolini, Giovanni Battista 80

O

Officina Profumo-Farmaceutica di
   Santa Maria Novella 138-142, 150
Oratorio di San Martino 62

OroNero 177, 180
Orsanmichele 185
Orti del Parnaso 135
Orto Botanico di Firenze 135
Ospedale degli Innocenti 114-117
Osteria Santo Spirito 181

P

Palazzo Medici Riccardi 48
Palazzo Pitti 124, 162-164, 175-176,
   180
Palazzo Portinari-Salviati 56, 66
Palazzo Spini Ferroni 26
Palazzo Strozzi 24, 164
Palazzo Vecchio 10, 131-134, 162
Parco Avventura Il Gigante 121
Parco delle Cascine 135
Pellegrini, Gabriele 132
Peposo alla Fornacina 101
Perruggia, Vincenzo 163
Perseus 43, 63
Petrini, Carlo 84, 91
Piazza d'Azeglio 121
Piazza del Carmine 178
Piazza della Passera 171-173
Piazza della Repubblica 6, 22-24,
   29, 119
Piazzale Michelangelo 134, 144, 184
Piazza San Giovanni 14, 21
Piazza Santa Croce 70
Piazza Santa Maria Novella 122
Piazza Santa Trinità 25, 26
Piazza Santo Spirito 173-175, 178, 181
Picchi, Fabio 82-84
Pinocchio 110-112
Pizzeria Da Michele 98, 100
Ponte alle Grazie 127
Ponte Santa Trinità 56, 64
Ponte Vecchio 7, 26-27, 52, 62-65,
   162, 166, 168-170, 180
Porcellino 118, 124
Portinari, Beatrice *siehe Beatrice*

R

Ribollita 101
Rinascente 130
Ristorante Borgo San Jacopo 181
Roberts, Julia 99
Römisches Theater 133

S

Salerosa Bistrò 99, 100
San Francesco (Fiesole) 129
San Frediano 99, 178
Santa Reparata 54, 132
Sasso di Dante 54-55, 67
Schiacciavino 74-, 75
Schlammengel 163
Schmidt, Dr. Eike 155, 158, 163
Scuola Leonardo Da Vinci 51
Selfie Museum 165
S. Forno Panificio 33
Slow Food 90-100
Sophia Loren Restaurant 32
Spezialitäten 101
Spielplatz 121
Studio Galleria Romanelli 51
Synagoge 185

T

Tacca, Pietro 124
Tamerò 181
Teatro del Sale 82-86
Teatro Verdi 87
The Lodge Cub 181
Todeschini, Simona 90-92, 100
Todo Modo 135
Torre della Castagna 67
Torre Mannelli 162
Trattoria Il Latini 94-95, 100
Trattoria Mario 95-96, 100
Trattoria Sabatino 99, 100
Trattoria Zà Zà 98, 100
Trüffel 91-92

U

Uffizien 152-164

V

Vasari, Giorgio 44, 79, 154, 162
Vasari-Korridor 161-162
Verkehr 105
Villoresi, Lorenzo 146-149
Volume (Bar) 181

W

Weihnachtsmarkt di Santa
   Croce 85, 86
Wolf, Gerhard 169

2019 bei der Verleihung des italienischen
Verdienstordens *Ordine della Stella d'Italia*

Bildnachweis

Grazie mille e di più...

Questo libro è una dichiarazione d'amore rivolta all'Italia, amica mia ormai da decenni. Mi hai sempre accolta a braccia aperte e con tanto amore. Ti ringrazio per offrirci posti meravigliosi come Firenze.

Dieses Buch widme ich meinen geliebten Eltern, die in meinem Herzen immer bei mir sind. Im schönen Florenz und überall sonst auf der Welt.

Besonderer Dank geht an meine Kinder Sara Vida und Adrian, meinen Mann Klaus, meinen Bruder Stephan und seine Partnerin Anna-Rita. Danke für Eure Liebe und Unterstützung – und für unsere unvergesslichen Tage in Florenz!

Zudem bedanke ich mich bei Alessandra Tiranti, Aldo Ferrarello und Francesco Leone – *grazie del vostro supporto!*

Meinen sympathischen Gesprächspartnern vor Ort danke ich für ihre Verfügbarkeit, Offenheit und die liebenswerten Geschichten über Florenz: Elisabetta und Lucia Bellini, Elisa Biondi, Tullia Carlino Hautmann, Maria Cassi, Lapo Cherici, Fabio und Romeo Colzi, Marcello Del Colle, Filippo Giovannelli, Eva-Maria Heinen, Elisa Imbrogno, Gabriele Pellegrini, Silvia Rabito, Rudolf Rainer, Fabrizio Rangone, Fernanda Russo, Dr. Eike Schmidt, Simona Todeschini, Ludovica und Lorenzo Villoresi.

Vielen Dank an Melanie Loser, Dr. Philip Laubach, Marie Luise Lapczyna und Dr. Nafsika Mylona von Polyglott für das Vertrauen und die gute Zusammenarbeit sowie besonders an meinen Lektor, Italien-Liebhaber Martin Waller von der »Werkstatt München«, der mich so enthusiastisch und professionell bei diesem Projekt unterstützt hat.

Ich danke meinem ZDF-Team und meiner Redaktionsleiterin Anna Schilling, dass sie mir hin und wieder den Rücken für die Arbeit an diesem Buch freigehalten haben.

Herzlichen Dank an Jana Kay fürs Coverfoto und an Timo Korsmeyer für die Unterstützung in den letzten Jahren.

Und schließlich: *Grazie mille,* liebe Nina Ruge, für Dein Lob und die große Leidenschaft für Italien, die wir teilen.

Impressum

© 2023 GRÄFE UND UNZER
VERLAG GmbH, Postfach 860366,
81630 München

POLYGLOTT

POLYGLOTT ist eine eingetragene Marke
der GRÄFE UND UNZER VERLAG GmbH

ISBN 978-3-8464-0987-9

1. Auflage 2023

Autorin: Dr. Sandra Maria Gronewald
Redaktion und Projektmanagement:
Melanie Loser
Lektorat: Martin Waller, Werkstatt
München – Buchproduktion
Bildredaktion: Dr. Nafsika Mylona
Satz: Werkstatt München – Buchproduktion
Kartografie: Gerald Konopik,
Fürstenfeldbruck
Schlusskorrektur: Ulla Thomsen
Umschlaggestaltung und Layout:
Favoritbuero Gbr
Herstellung: Felix Robitsch
Repro: Medienprinzen, München
Druck und Bindung: Livonia Print,
Lettland

GRÄFE
UND
UNZER

Ein Unternehmen der
GANSKE VERLAGSGRUPPE

Wichtiger Hinweis
Die Daten und Fakten für dieses Werk
wurden mit äußerster Sorgfalt recherchiert
und geprüft. Wir weisen jedoch darauf hin,
dass diese Angaben häufig Veränderungen
unterworfen sind und inhaltliche Fehler oder
Auslassungen nicht völlig auszuschließen
sind. Für eventuelle Fehler oder Auslassungen können Gräfe und Unzer und die
Autorin keinerlei Verpflichtung und Haftung
übernehmen.
Aus Gründen der besseren Lesbarkeit wird
in diesem Buch bei Personenbezeichnungen
das generische Maskulinum verwendet. Es
gilt gleichermaßen für alle Geschlechter.

**Ansprechpartner für den
Anzeigenverkauf:**
KV Kommunalverlag GmbH & Co. KG,
MediaCenter München, Tel. 089/928 09 60

**Bei Interesse an maßgeschneiderten
B2B-Produkten:**
b2b-kontakt@graefe-und-unzer.de

Leserservice
GRÄFE UND UNZER Verlag
Grillparzerstraße 12
81675 München
www.graefe-und-unzer.de

Umwelthinweis
Nachhaltigkeit ist uns sehr wichtig. Der Roh-
stoff Papier ist in der Buchproduktion hierfür
von entscheidender Bedeutung. Daher ist
dieses Buch auf PEFC-zertifiziertem Papier
gedruckt. PEFC garantiert, dass ökologische,
soziale und ökonomische Aspekte in der
Verarbeitungskette unabhängig überwacht
werden und lückenlos nachvollziehbar sind.